爱阅读课程化丛书/快乐读书吧

爱阅读

成语故事

立 人／编著

无障碍精读版
课外阅读佳作，爱阅读课程化丛书

分级阅读点拨 · 重点精批详注 · 名师全程助读 · 扫清阅读障碍

民主与建设出版社
· 北京 ·

© 民主与建设出版社，2023

图书在版编目（CIP）数据

成语故事 / 立人编著 . — 北京 : 民主与建设出版
社 , 2019.11（2023.1 重印）
ISBN 978-7-5139-2800-7

Ⅰ . ①成… Ⅱ . ①立… Ⅲ . ①汉语 – 成语 – 故事
Ⅳ . ① H136.3

中国版本图书馆 CIP 数据核字（2019）第 239030 号

成语故事
CHENGYU GUSHI

出 版 人	李声笑
作 者	立人
责任编辑	刘树民
封面设计	宋双成
出版发行	民主与建设出版社有限责任公司
电 话	（010）59417747　59419778
社 址	北京市海淀区西三环中路 10 号望海楼 E 座 7 层
邮 编	100142
印 刷	三河市祥宏印务有限公司
版 次	2020 年 1 月第 1 版
印 次	2023 年 1 月第 2 次印刷
开 本	165 毫米 × 235 毫米　1/16
印 张	16 印张　彩插　0.375 印张
字 数	230 千字
书 号	ISBN 978-7-5139-2800-7
定 价	24.80 元

注 : 如有印、装质量问题，请与出版社联系。

风声鹤唳，草木皆兵

井底之蛙

毛遂自荐

| 总序 |

北京书香文雅图书文化有限公司的李继勇先生与我联系，说他们策划了一套"爱阅读"丛书，读者对象主要是中小学生，这套书可以作为学生的课外阅读用书，希望我写篇序。作为一名语文教育工作者，为学生推荐优秀课外读物责无旁贷，在最近"双减"政策的大背景下，也更有意义。

一、"双减"以后怎么办？

前不久，中共中央办公厅、国务院办公厅印发了《关于进一步减轻义务教育阶段学生作业负担和校外培训负担的意见》，对义务教育阶段学生的作业和校外培训作出严格规定。这是一件好事。曾几何时，我们的中小学生作业负担重，不少孩子不是在各种各样的培训班里，就是在去培训班的路上。孩子们"学"无宁日，备尝艰辛；家长们焦虑不安，苦不堪言。校外培训机构为了增强吸引力，到处挖墙脚；有些老师受利益驱使，不能安心从教，导致社会怨声载道。他们的行为破坏了教育生态，违背了教育规律，严重影响了我国教育改革发展。教育是什么？教育是唤醒，是点燃，是激发。而校外培训的噱头仅仅是提高考试成绩，让孩子在中高考中占得先机。他们的广告词是"提高一分，干掉千人"，他们大肆渲染"分数为王"。在这种压力之下，孩子们面对的是"分萧萧兮题海寒"，他们不得不深陷题海，机械刷题。假如只有一部分孩子上培训班，提高的可能是分数。但是，如果大多数孩子或者所有孩子都去上培训班，那提高的就不是分数，而只是分数线。教育的根本任务是立德树人，是培根铸魂，是启智增慧，是让学生德智体美劳全面发展，是培养社会主义建设者和接班人，是为中华民族伟大复兴提供人才，而不是培养只会考试的"机器"，更不能被资本绑架。所以中央才"出重拳""放实招"，目的就是要减轻学生过重的课业负担，减轻家长过重的经济和精神负担。

"双减"政策出台后，学生们一片欢呼，再也不用在各种培训班之间来回奔波了，但家长产生了新的焦虑：孩子学习成绩怎么办？而对学校老师来说，这是一个新挑战、新任务，当然也是新机遇。学生在校时间增加，要求老师提升教学水平，科学合理布置作业，同时开展课外延伸服务，事实上是老师陪伴学生的时间增加了。这部分在校时间怎么安排？如何让学生利用好课外时间？这一切考验着老师们的智慧，而开展各种课外活动正好可以解决这个难题，比如：热爱人文的，可以参加阅读写作、演讲辩论、学习传统文化和民风民俗等社团活动；喜爱数理的，可以参加科普科幻、实验研究、统计测量、天文观测等兴趣小组；也可以参加体育比赛、艺术（音乐、美术、书法、戏剧）体验和劳动教育等实践活动。当然，所有的活动都应以培养学生的兴趣爱好为目的，以自愿参加为前提。学校开展课后服务，可以多方面拓展资源，比如博物馆、图书馆、科技馆、陈列馆、少年宫、青少年活动中心，甚至校外培训机构的优质服务资源，还可组织征文比赛、志愿服务、社会调查等，助力学生全面发展。

二、课外阅读新机遇

近年来，"新课标""新教材""新高考"成为语文教育改革的热词。前不久，我看到一个视频，说语文在中高考中的地位提高了，难度也加大了。这种说法有一定道理，但并不准确。说它有一定道理，是因为语文能力主要指一个人的阅读和写作能力，而阅读和写作能力又是一个人综合素养的体现。语文能力强，有助于学习别的学科。比如：数学、物理中的应用题，如果阅读能力上不去，读不懂题干，便不能准确把握解题要领，也就没法准确答题；英语中的英译汉、汉译英题更是考查学生的语言表达能力；历史题和政治题往往是给一段材料，让学生去分析、判断，得出结论，并表述自己的观点或看法。从这点来说，语文在中高考中的地位提高有一定道理。说它不准确，有两个方面的理由：一是语文学科本来就重要，不是现在才变得重要，之所以产生这种错觉，是因为在应试教育的背景下，语文的重要性被弱化了；二是语文考试的难度并没有增加，增加的只是阅读思维的宽度和广度，考查的是阅读理解、信息筛选、应用写作、语言表达、批判性思维、辩证思维等关键能力。可以说，真正的素质教育必须重视语文，因为语文是工具，是基础。不少家长和教师认为课外阅读浪费学习时间，这主要是教育观念问题。他们之所以有这种想法，无非是认为考试才是最终目的，希望孩子可以把更多时间用在刷题上。他们只看到课标和教材的变化，以为考试还是过去那一套，其实，考试评价已发生深刻变革。目前，考试评价改革与新课标、新教材改革是同向同行的，都是围绕立德树人做文章。中共中央、国务院印发的《深化新时代教育评价改革总体方案》明确指出："稳步推进中高考改革，构建引导学生德智体美劳全面发展的考试内容体系，改变相对固化的试题形式，增强试题开放性，减少死记硬背和'机械刷题'现象。"显然就是要用中高考"指挥棒"引领素质教育。新高考招生录取强调"两依据，一参考"，即以高考成绩和高中学业水平考试成绩为依据，以综合素质评价为参考。这也就是说，高考成绩不再是高校选拔新生的唯一标准，不只看谁考的分数高，还要看谁更有发展潜力、更有创造性、综合素质更高，从而实现由"招分"向"招人"的转变。而这绝不是仅凭一张高考试卷能够区分出来的，"机械刷题"无助于全面发展，必须在课内学习的基础上，辅之以内容广泛的课外阅读，才能全面提高综合素养。

三、"爱阅读"助力成长

这套"爱阅读"丛书是为中小学生量身打造的，符合《义务教育语文课程标准》倡导的"好读书、读好书、读整本的书"的课改理念，可以作为学生课内学习的有益补充。我一向认为，要学好语文，一要读好三本书，二要写好两篇文，三要养成四个好习惯。三本书指"有字之书""无字之书"和"心灵之书"，两篇文指"规矩文"和"放胆文"，四个好习惯指享受阅读的习惯、善于思考的习惯、乐于表达的习惯和自主学习的习惯。古人说"读万卷书，行万里路"，实际上就是要处理好读书与实践的关系。对于中小学生来说，读书首先是读好"有字之书"。"有字之书"，有课本，有课外自读课本，还有"爱阅读"这样的课外读物。读书时我们不能眉毛胡子一把抓，要区分不同的书，采取不同的读法。一般说来，有精读，有略读。精读需要字斟句酌，需要咬文嚼字，但费时费力。当然也不是所有的书都需要精读，可以根据自己的需要决定精读还是略读。新课标提倡中小学生进行整本书阅读，但是学生往往不能耐着性子读完一整本书。新课标提倡的整本书阅读，主要是针对过去的单篇教学来说的，并不是说每本书都要从头读到尾。教材设计的练习项目也是有弹性的、可选择的，不可能有统一的"阅读计划"。我的建议是，整本书阅读应把精读、略读与浏览结合起来。精读重在示范，略读重在博览，浏览略观大意即可，三者相辅相成，不宜偏于一隅。不仅如此，学生还可以把阅读与写作、读书与实践、课内与课外结合起来。整本书阅读重在掌握阅读方法，拓展阅读视野，培养读书兴趣，养成阅读习惯。

再说写好两篇文。学生读得多了，素养提高了，自然有话想说，有自己的观点和看法要发表。发表的形式可以是口头的，也可以是书面的，书面表达就是写作。写好两篇文，一篇"规矩文"，一篇"放胆文"。"规矩文"重打基础，"放胆文"更见才气。"规矩文"要求练好写作基本功，包括审题、立意、选材、构思等，同时还要掌握记叙文、议论文、说明文、应用文的基本要领和写作规范。"规矩文"的写作要在教师的指导下进行。"放胆文"则鼓励学生放飞自我、大胆想象，各呈创意、各展所长，尤其是展现自己的应用写作能力、语言表达能力、批判性思维能力和辩证思维能力。"放胆文"的写作可以多种多样，除了大作文，也可以写小作文。有兴趣的还可以进行文学创作，写诗歌、小说、散文、剧本等。

学习语文还要养成四个好习惯。第一，享受阅读的习惯。爱阅读非常重要。每个同学都应该有自己的个性化书单，有的同学喜欢网络小说也没有关系，但需要防止沉迷其中，钻进"死胡同"。这套"爱阅读"丛书，就给中小学生课外阅读提供了大量古今中外的名家名作。第二，善于思考的习惯。在这个大众创业、万众创新的时代，创新人才的标准，已不再是把已有的知识烂熟于心，而是能够独立思考，敢于质疑，能够自己去发现问题、提出问题和解决问题，需要具有探究质疑能力、独立思考能力、批判性思维和辩证思维能力。第三，乐于表达的习惯。表达的乐趣在于说或写的过程，这个过程比说得好、写得完美更重要。写作形式可以不拘一格，比如作文、日记、笔记、随笔、漫画等。第四，自主学习的习惯。我的地盘我做主，我的语文我做主。不是为老师学，也不是为父母长辈学，而是为自己的精神成长学，为自己的未来学。

　　愿广大中小学生能借助这套"爱阅读"丛书，真正爱上阅读，插上想象的翅膀，飞向未来的广阔天地！

2021 年 10 月 15 日

写于京东大运河畔之两不厌居

阅读领航

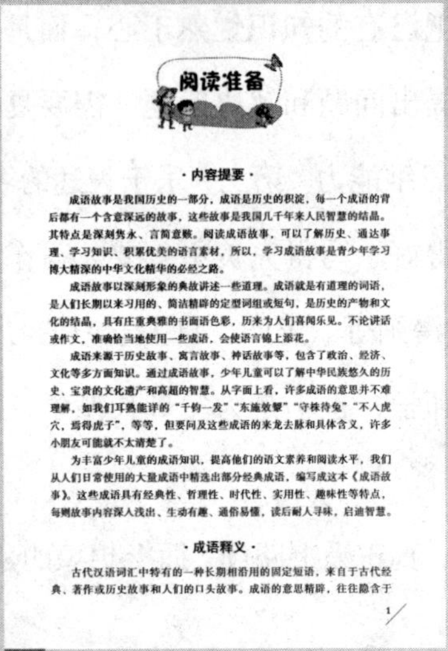

阅读准备

· 内容提要 ·

成语故事是我国历史的一部分，成语是历史的积淀，每一个成语的背后都有一个含意深远的故事，这些故事是我国几千年来人民智慧的结晶。其特点是深刻隽永、言简意赅。阅读成语故事，可以了解历史、通达事理、学习知识、积累优美的语言素材，所以，学习成语故事是青少年学习博大精深的中华文化精华的必经之路。

成语故事以深刻形象的典故讲述一些道理。成语就是有道理的词语，是人们长期以来习用的、简洁精辟的定型词组或短句，是历史的产物和文化的结晶，具有庄重典雅的书面语色彩，历来为人们喜闻乐见。不论讲话或作文，准确恰当地使用一些成语，会使语言锦上添花。

成语来源于历史故事、寓言故事、神话故事等，包含了政治、经济、文化等多方面知识。通过成语故事，少年儿童可以了解中华民族悠久的历史、宝贵的文化遗产和高超的智慧。从字面上看，许多成语的意思并不难理解，如我们耳熟能详的“千钧一发”“东施效颦”“守株待兔”“不入虎穴，焉得虎子”，等等，但要问及这些成语的来龙去脉和具体含义，许多小朋友可能就不太清楚了。

为丰富少年儿童的成语知识，提高他们的语文素养和阅读水平，我们从人们日常使用的大量成语中精选出部分经典成语，编写成这本《成语故事》。这些成语具有经典性、哲理性、时代性、实用性、趣味性等特点，每则故事内容深入浅出、生动有趣、通俗易懂，读后耐人寻味，启迪智慧。

· 成语释义 ·

古代汉语词汇中特有的一种长期相沿用的固定短语，来自于古代经典、著作或历史故事和人们的口头故事。成语的意思精辟，往往隐含于

1

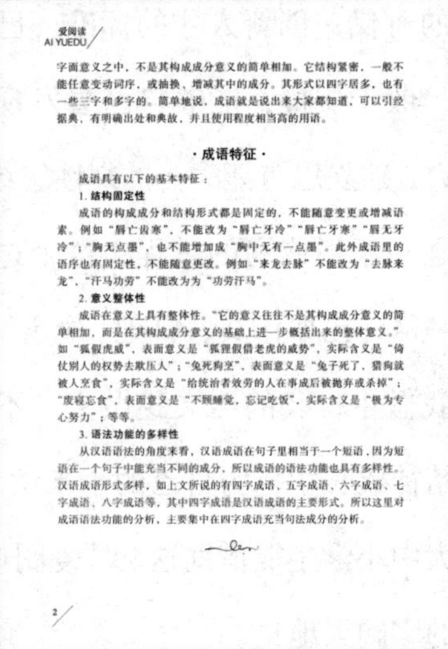

爱阅读 AI YUEDU

字面意义之中，不是其构成成分意义的简单相加。它结构紧密，一般不能任意变动词序，或抽换、增减其中的成分。其形式以四字居多，也有一些三字和多字的。简单地说，成语就是说出来大家都知道，可以引经据典，有明确出处和典故，并且使用程度相当高的用语。

· 成语特征 ·

成语具有以下的基本特征：

1. 结构固定性

成语的构成成分和结构形式都是固定的，不能随意变更或增减语素。例如“唇亡齿寒”，不能改为“唇亡牙冷”“唇亡牙寒”“唇无牙冷”；“胸无点墨”，也不能增加成“胸中无有一点墨”。此外成语里的语序也有固定性，不能随意更改。例如“来龙去脉”不能改为“去脉来龙”、“汗马功劳”不能改为为“功劳汗马”。

2. 意义整体性

成语在意义上具有整体性。“它的意义往往不是其构成成分意义的简单相加，而是在其构成成分意义的基础上进一步概括出来的整体意义。”如“狐假虎威”，表面意义是“狐狸假借老虎的威势”，实际含义是“倚仗别人的权势去欺压人”；“兔死狗烹”，表面意义是“兔子死了，猎狗就被人烹食”，实际含义是“给统治者效劳的人在事成后被抛弃或杀掉”；“废寝忘食”，表面意义是“不顾睡觉，忘记吃饭”，实际含义是“极为专心努力”；等等。

3. 语法功能的多样性

从汉语语法的角度来看，汉语成语在句子里相当于一个短语，因为短语在一个句子中能充当不同的成分，所以成语的语法功能也具有多样性。汉语成语形式多样，如上文所说的有四字成语、五字成语、六字成语、七字成语、八字成语等，其中四字成语是汉语成语的主要形式。所以这里对成语语法功能的分析，主要集中在四字成语充当句法成分的分析。

2

阅读准备

“作者简介”，走近作者，一睹作者风采；“创作背景”，了解作品创作的时代背景；“作品速览”，把握故事全貌、主题意蕴；“文学特色”，发掘作品深刻的文学价值，以增进理解，提高阅读效率。

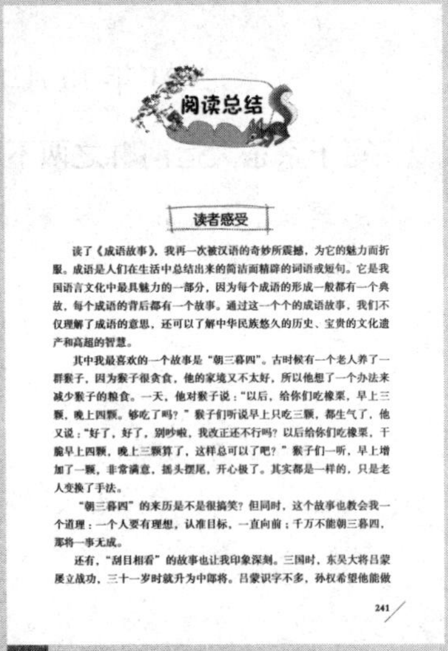

阅读总结

读者感受

读了《成语故事》，我再一次被汉语的奇妙所震撼，为它的魅力而折服。成语是人们在生活中总结出来的简洁而精辟的词语或短句。它是我国语言文化中最具魅力的一部分，因为每个成语的形成一般都有一个典故，每个成语的背后都有一个故事。通过这一个个的成语故事，我们不仅理解了成语的意思，还可以了解中华民族悠久的历史、宝贵的文化遗产和高超的智慧。

其中我最喜欢的一个故事是“朝三暮四”。古时候有一个老人养了一群猴子，因为猴子很贪食，他的家境又不太好，所以他想了一个办法来减少猴子的粮食。一天，他对猴子说：“以后，给你们吃橡栗，早上三颗，晚上四颗。够吃了吗？”猴子们听说早上只吃三颗，都生气了，他又说：“好了，好了，别吵啦，我改正还不行吗？以后给你们吃橡栗，干脆早上四颗，晚上三颗算了，这样总可以了吧？”猴子们一听，早上增加了一颗，非常满意，摇头摆尾，开心极了。其实都是一样的，只是老人变换了手法。

“朝三暮四”的来历是不是很搞笑？但同时，这个故事也教会我一个道理：一个人要有理想，认准目标，一直向前；千万不能朝三暮四，那将一事无成。

还有，“刮目相看”的故事也让我印象深刻。三国时，东吴大将吕蒙屡立战功，三十一岁时就升为中郎将。吕蒙识字不多，孙权希望他能做

241

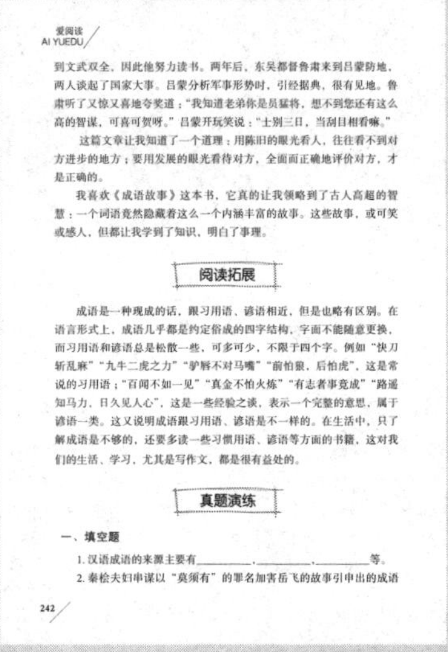

爱阅读 AI YUEDU

到文武双全，因此他努力读书。两年后，东吴都督鲁肃来到吕蒙防地，两人谈起了国家大事。吕蒙分析军事形势时，引经据典，很有见地。鲁肃听了又惊又喜地夸奖道：“我知道老弟你是员猛将，想不到您还有这么高的智谋，可喜可贺呀。”吕蒙开玩笑说：“士别三日，当刮目相看嘛。”

这篇文章让我知道了一个道理：用陈旧的眼光看人，往往看不到对方进步的地方；要用发展的眼光看待对方，全面而正确地评价对方，才是正确的。

我喜欢《成语故事》这本书，它真的让我领略到了古人高超的智慧：一个词语竟然隐藏着这么一个内涵丰富的故事。这些故事，或可笑或感人，但都让我学到了知识、明白了事理。

阅读拓展

成语是一种现成的话，跟习用语、谚语相近，但是也略有区别。在语言形式上，成语几乎都是约定俗成的四字结构，字面不能随意更换，而习用语和谚语总是松散一些，可多可少，不限于四个字。例如“快刀斩乱麻”“九牛二虎之力”“驴唇不对马嘴”“前怕狼，后怕虎”，这是常说的习用语；“百闻不如一见”“真金不怕火炼”“有志者事竟成”“路遥知马力，日久见人心”，这是一些经验之谈，表示一个完整的意思，属于谚语一类。这又说明成语跟习用语、谚语是不一样的。在生活中，只了解成语是不够的，还要多读一些习惯用语、谚语等方面的书籍，这对我们的生活、学习，尤其是写作文，都是很有益处的。

真题演练

一、填空题

1. 汉语成语的来源主要有________、________、________等。

2. 秦桧夫妇串谋以“莫须有”的罪名加害岳飞的故事引申出的成语

242

阅读总结

“名家心得”，听听名家怎么说；“读者感悟”，看看别人怎么想；“阅读拓展”，帮你丰富文学知识，增强艺术感受力；“真题演练”，考查阅读本书后的效果，是对阅读成果的巩固和总结。习题具有一定的延伸性和扩展性，对于没有回答上来的问题，读者可以借此发现阅读上的不足，心中带着疑问，为下一次的精读做好准备。

A

安如泰山

名师导读

枚乘发现了吴王刘濞谋反的野心后，先后两次对其进行了劝谏，但刘濞到底有没有听枚乘的劝谏呢？"安如泰山"这个成语又是如何来的呢？

名师导读

指引你快速知晓章节内容，提高阅读兴趣。

枚乘，字叔，西汉淮阴（今属江苏）人，是汉代著名的文学家。汉景帝时，他在吴王刘濞府中担任郎中一职。

叙述

交代枚乘担任的职务，为下文他劝谏吴王作文化铺垫。

吴国是当时诸侯中的大国，吴王刘濞野心很大，对中央政权心怀不满，暗中图谋叛乱。汉景帝任用富有才能的政治家晁错为御史大夫，晁错主张削减各诸侯国的领地，加强中央的权力和威信，巩固国家的统一。刘濞看到一些诸侯王纷纷被削减了领地，知道自己也在所难免，于是联络楚、赵、胶西、胶东等国的诸侯王阴谋策划叛乱。

枚乘清醒地认识到刘濞阴谋反叛的危害于是写了《上疏谏吴王》对刘濞进行劝谏。在谏书中，他说："您要是能够听取忠臣的话，一切灾祸都可以避免。如果您一定要照自己所想的那样去做，那危如累卵，比登天还要难；不过，如果能尽快改变原来的主意，这易如反掌，也能使您的地位安如泰山。"

承上启下

枚乘上疏劝谏吴王，吴王会听从他的功告吗？为下文埋下伏笔。

名师点评

名师妙语，见解独特，视角新颖。

3

精华赏析

评点章节要旨，发人深省。

延伸思考

开拓思维，启迪智慧。

相关评价

在轻松阅读中开阔视野。

成语故事
CHENGYU GUSHI

了宗泽、岳飞两人过河可以免费，其他哪怕是大宋皇帝少一文也不行。岳飞哈哈大笑，告诉继自己就是岳飞，王横一听，急忙扔了棍棒，上前拜见。通报了自己的姓名、身世，说明了盗马的原委，请求岳飞带他前去杀敌报国。岳飞大喜，答应了他的要求。

于是，三人一起上路。张保、王横比赛步行的速度。岳飞催马奔驰、张保、王横紧紧追赶，结果张保跑到岳飞马前，王横赶到岳飞马后，岳飞见了哈哈大笑说："你们两人，真是一对，这叫作'鞍前张保，马后王横'（鞍前马后）啊！"

语言描写

说明岳飞早已识人，和近卫相处十分融洽。

暗中赏析

"鞍前马后"原指随从将官出征，后比喻跟随在别人后面，小心侍候。岳飞带着保赶赴任救，在路上却偶遇对岳飞充满崇敬之情的王横。王横甚至为了孝敬岳飞而拦路抢劫，表现出岳飞在民间的声望是极高的。

延伸思考

1. 王横为什么抢劫？
2. 岳飞是一个什么样的人？

相关评价

本文讲述了岳飞松弛赛索，再到收获得力属下的故事。文章情节紧凑，富有吸引力，多处采用了细致的动作描写，生动传神，将打斗中的精彩表现得淋漓尽致，使故事更具趣味性。

9

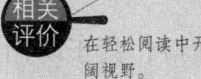

Contents

目 录

· 内容提要 ·

成语故事是我国历史的一部分，成语是历史的积淀，每一个成语的背后都有一个含意深远的故事，这些故事是我国几千年来人民智慧的结晶。其特点是深刻隽永、言简意赅。阅读成语故事，可以了解历史、通达事理、学习知识、积累优美的语言素材，所以，学习成语故事是青少年学习博大精深的中华文化精华的必经之路。

成语故事以深刻形象的典故讲述一些道理。成语就是有道理的词语，是人们长期以来习用的、简洁精辟的定型词组或短句，是历史的产物和文化的结晶，具有庄重典雅的书面语色彩，历来为人们喜闻乐见。不论讲话或作文，准确恰当地使用一些成语，会使语言锦上添花。

成语来源于历史故事、寓言故事、神话故事等，包含了政治、经济、义化等多方面知识。通过成语故事，少年儿童可以了解中华民族悠久的历史、宝贵的文化遗产和高超的智慧。从字面上看，许多成语的意思并不难理解，如我们耳熟能详的"千钧一发""东施效颦""守株待兔""不入虎穴，焉得虎子"，等等，但要问及这些成语的来龙去脉和具体含义，许多小朋友可能就不太清楚了。

为丰富少年儿童的成语知识，提高他们的语文素养和阅读水平，我们从人们日常使用的大量成语中精选出部分经典成语，编写成这本《成语故事》。这些成语具有经典性、哲理性、时代性、实用性、趣味性等特点，每则故事内容深入浅出、生动有趣、通俗易懂，读后耐人寻味，启迪智慧。

· 成语释义 ·

古代汉语词汇中特有的一种长期相沿用的固定短语，来自于古代经典、著作或历史故事和人们的口头故事。成语的意思精辟，往往隐含于字面意义之中，不是其构成成分意义的简单相加。它结构紧密，一般不能任意变动词序，或抽换、增减其中的成分。其形式以四字居多，也有一些三字和多字的。简单地说，成语就是说出来大家都知道，可以引经据典，有明确出处和典故，并且使用程度相当高的用语。

·成语特征·

成语具有以下的基本特征：

1. 结构固定性

成语的构成成分和结构形式都是固定的，不能随意变更或增减语素。例如"唇亡齿寒"，不能改为"唇亡牙冷""唇亡牙寒""唇无牙冷"；"胸无点墨"，也不能增加成"胸中无有一点墨"。此外成语里的语序也有固定性，不能随意更改。例如"来龙去脉"不能改为"去脉来龙"，"汗马功劳"不能改为为"功劳汗马"。

2. 意义整体性

成语在意义上具有整体性。"它的意义往往不是其构成成分意义的简单相加，而是在其构成成分意义的基础上进一步概括出来的整体意义。"如"狐假虎威"，表面意义是"狐狸假借老虎的威势"，实际含义是"倚仗别人的权势去欺压人"；"兔死狗烹"，表面意义是"兔子死了，猎狗就被人烹食"，实际含义是"给统治者效劳的人在事成后被抛弃或杀掉"；"废寝忘食"，表面意义是"不顾睡觉，忘记吃饭"，实际含义是"极为专心努力"；等等。

3. 语法功能的多样性

从汉语语法的角度来看，汉语成语在句子里相当于一个短语，因为短语在一个句子中能充当不同的成分，所以成语的语法功能也具有多样性。汉语成语形式多样，如上文所说的有四字成语、五字成语、六字成语、七字成语、八字成语等，其中四字成语是汉语成语的主要形式。所以这里对成语语法功能的分析，主要集中在四字成语充当句法成分的分析。

A

安如泰山

名师导读

　　枚乘发现了吴王刘濞谋反的野心后，先后两次对其进行了劝谏，但刘濞到底有没有听取枚乘的劝谏呢？"安如泰山"这个成语又是如何来的呢？

　　①枚乘，字叔，西汉淮阴（今属江苏）人，是汉代著名的文学家。汉景帝时，他在吴王刘濞府中担任郎中一职。

　　吴国是当时诸侯中的大国，吴王刘濞野心很大，对中央政权心怀不满，暗中图谋叛乱。汉景帝任用富有才能的政治家晁错为御史大夫，晁错主张削减各诸侯国的领地，加强中央的权力和威信，巩固国家的统一。刘濞看到一些诸侯王纷纷被削减了领地，知道自己也在所难免，于是联络楚、赵、胶西、胶东等国的诸侯王阴谋策划叛乱。

　　②枚乘清醒地认识到刘濞阴谋反叛的危害，于是写了《上疏谏吴王》对刘濞进行劝谏。在谏书中，他说："您要是能够听取忠臣的话，一切灾祸都可以避免。如果您一定要照自己所想的那样去做，那危如累卵，比登天还要难；不过，如果能尽快改变原来的主意，这易如反掌，也能使您的地位安如泰山。"

❶叙述

　　交代枚乘担任的职务，为下文他劝谏吴王作铺垫。

❷承上启下

　　枚乘上疏劝谏吴王，吴王会听从他的劝告吗？为下文埋下伏笔。

3

❶叙述

交代了故事的发展：刘濞没有听枚乘的劝告，起兵发动了叛变。

❷叙述

叛乱的结局被枚乘说中了，体现了枚乘的睿智。照应前文。

但刘濞执迷不悟，加紧进行阴谋活动，于是枚乘只得离开吴国，到梁孝王刘武府中做了宾客。

①公元前154年，刘濞与楚、赵、胶西、胶东等诸侯王，以"诛晁错，清君侧"为名，起兵叛乱，历史上称为"七国之乱"。

汉景帝听信谗言，杀了晁错，以此向诸侯王们表示歉意。这时，枚乘又写了《上疏重谏吴王》，劝刘濞罢兵，可刘濞还是不肯回头。②不久，汉朝大将周亚夫率领军队打败了吴楚叛军，楚王刘戊自杀，吴王刘濞逃到东越被杀，其余五个诸侯王也纷纷自杀或被杀。这场叛乱只持续三个月就彻底失败了。

"七国之乱"平定之后，枚乘因写作《上疏谏吴王》表现出的远见卓识而声名大振。后来汉武帝即位，派人征召他进京做官，可惜他还没有到京城便死于途中。

精华赏析

"安如泰山"的意思是形容安稳得像泰山一样，在这个故事中是形容政权、地位非常稳固。枚乘发现了吴王刘濞阴谋反叛的野心，多次劝他收手，才能安如泰山，但刘濞一意孤行，最后落得性命不保。本故事体现了枚乘的睿智。

延伸思考

枚乘发现刘濞的野心后，是怎样做的？

相关评价

本文讲述的是吴王联合其他诸侯王密谋叛乱的故事，情节顺序清晰自然。描述吴王的野心，以及枚乘的多次谏言，通过两者的对比加深本文寓意。

安居乐业

名师导读

　　《道德经》是老子在退隐后所著的道家经典。在这本书中老子表达了什么样的观点？"安居乐业"又是怎样的一种生活情景呢？

　　老子是春秋时期的思想家，道家学派的创始人，姓李，名耳，字伯阳，陈国苦县历乡曲仁里（今属河南鹿邑）人。

　　①据说老子做过周朝管理藏书的史官，孔子曾经向他求教过关于"礼"这方面的知识。后来，老子退隐，著有《道德经》一书，是道家的经典之作。

　　《道德经》一书中用"道"来解释宇宙万物的生成及其演变。书中包括了某些朴素的辩证法，同时也揭露并谴责了当时统治者的穷奢极欲及对人民的残酷压迫和剥削。因此，他甚至幻想人类社会恢复到"小国寡民"的原始状态。

　　②《道德经》一书中的第八十章，集中描绘了"小国寡民"这种理想社会的情景。它反映了中国古代小自耕农基于对现实社会的不满而产生的许多空想。他们在现实生活中，深受压迫、剥削和战争之苦，因而那没有压迫和剥削、没有互相残杀掠夺的战争的原始社会，便成了他们理想中的乐土。在那里，大家吃饱了肚子，过着悠闲安乐的日子，人与人之间，甚至老死不相往来。

　　③这种主张是远离实际的，更不符合社会历史发展的规律和方向。但同时，它反映了人们对统治阶级的不满和要

❶叙述

对老子作了简单的介绍，引出《道德经》

❷概括

引出下文对"小国寡民"的理想社会的介绍。

❸议论

对"小国寡民"的评价。

求过安定快乐生活的愿望。"安居乐业"这句成语，就是从《道德经》第八十章的几句话里提炼出来的：

> 小国寡民。使有什伯之器而不用；使民重死而不远徙。虽有舟舆，无所乘之；虽有甲兵，无所陈之。使民复结绳而用之。甘其食，美其服，安其居，乐其俗。邻国相望，鸡犬之声相闻，民至老死，不相往来。

❶解释说明……

采用了排比的修辞手法，描绘出"小国寡民"的情景。

它的大意是说：国家要小，人民要少。①国家有各种器具，也不使用；人民看重生命，不迁移到远处去；即使有船和车，也没必要去乘坐；虽有武器，也没有机会布阵使用。使人民恢复结绳记事的状态。大家吃得香，穿得美，住得安适，过得快活。邻国能互相望见，鸡鸣狗叫声互相听得到，但人民直到老死，互相都不往来。

精华赏析

"安居乐业"是指人民的生活安定美满。《道德经》中的有些思想虽脱离实际，设想了"小国寡民"的原始状态，但却表达了人们对统治阶级的不满和对"安居乐业"生活的向往。

延伸思考

1. "安居乐业"的理想体现了老子怎样的思想？
2. 你认为"小国寡民"的情景可能实现吗？

相关评价

　　文章开头引出道家的经典之作《道德经》，截选出《道德经》一书中如何安居乐业的方法。以《道德经》一书中的理想主张，对比现实中的社会情况，反映出古代人们对统治阶级的不满，以及对美好生活的憧憬。

鞍前马后

名师导读

　　岳飞带着张保赶往京城，在路上偶遇王横，因一场误会而不打不相识，之后王横便投奔了岳飞，随其北上。那么中间的过程是怎样的呢？

　　岳飞接到皇帝的圣旨，带着张保匆忙赶往京城。这一天，两人来到一条大河边，张保找了半天，才找到一条渡船，船主人要二两银子，张保答应了，牵着马上了小船。①船主人看见岳飞的坐骑，触动了一桩心事。

　　原来，船主人姓王名横，从小练就了一身硬功夫，因为家境贫困，在这里摆渡为生。他听说岳飞是个大忠臣，正在与侵犯中原的金兀术交战，很想前去投奔他。王横心想：宝剑赠侠士，良马送将军。我要去投奔岳飞，这匹宝马倒是件很好的见面礼，于是便想伺机下手，夺取宝马。

　　这时，小船已经驶到河心，王横悄悄拔出一把刀来。谁知被张保一眼看见，上前飞起一脚，将刀踢入河中。岳飞也急忙使沥泉枪来刺强盗。王横翻身窜下河去。

　　张保摇着小船到达岸边，两人上岸继续赶路。忽然，王横拿着一条棍子追上前来，拦住岳飞、张保的去路，借口要船钱，还想夺取宝马。张保举起棍棒就打，两人交起手来，只见两条棍子上下飞舞，斗了好几个回合，不分胜负。②岳飞暗暗叹息：可惜此人是个强盗。

　　王横仍在与张保纠缠，岳飞只得上前劝解。王横说除

❶叙述
　　由此引出下文，起到过渡的作用。

❷心理描写
　　说明岳飞赞赏王横的武艺，却对他的强盗行为感到不满。

了宗泽、岳飞两人过河可以免费，其他哪怕是大宋皇帝少一文也不行。岳飞哈哈大笑，告诉他自己就是岳飞，王横一听，急忙扔了棍棒，上前拜见。通报了自己的姓名、身世，说明了盗马的原委，请求岳飞带他前去杀敌报国。岳飞大喜，答应了他的要求。

于是，三人一起上路。张保、王横比赛步行的速度。岳飞催马奔驰，张保、王横紧紧追赶，结果张保跑到岳飞马前，王横赶到岳飞马后。岳飞见了哈哈大笑说：①"你们两人，真是一对，这叫作'鞍前张保，马后王横'（鞍前马后）啊！"

❶语言描写
说明岳飞平易近人，和近卫相处十分随意。

精华赏析

"鞍前马后"原指随从将官出征，后比喻跟随在别人后面，小心侍候。岳飞带着张保赶往京城，在路上却偶遇对岳飞充满崇敬之情的王横。王横甚至为了孝敬岳飞而拦路抢劫，表现出岳飞在民间的声望是极高的。

延伸思考

1. 王横为什么抢劫？
2. 岳飞是一个什么样的人？

相关评价

本文讲述了岳飞坐船遭袭，再到收获得力属下的故事。文章情节紧凑，富有吸引力，多处采用了细致的动作描写，生动传神，将打斗中的精彩表现得淋漓尽致，使故事更具趣味性。

按兵不动

名师导读

赵简子派史黯去卫国刺探军情，史黯去了很久才回来。他刺探到了什么情报，使赵简子决定"按兵不动"呢？我们一起去看看吧！

❶背景概述……………

赵简子想要袭击卫国，派史黯去刺探军情。为后文作铺垫。

📝读书笔记

❷承上启下……………

史黯为什么这么久才回来呢？

①春秋时期，晋国赵简子准备袭击东方的卫国，临出兵前，他选派了一位亲信大夫史黯去刺探卫国的军情。赵简子与史黯约定一个月为期，等他回来后就出兵攻卫。

史黯走后，赵简子命令全军将士加紧练兵习武，积极做好战斗准备。可是一个月过去了，史黯还没有回来。这时，有个谋士对赵简子说："史黯过期未归，很可能已经遇害了。其实，卫国是个小国，经不住晋国的攻击，请元帅下令出兵吧！"

赵简子说："卫国敢断然同我国绝交，一定是做了充分的准备，我们决不可掉以轻心。史黯一向思虑深远，他没有如期归来，一定是发生了什么变故。出兵的事，等他回来再说吧！"

②时间一天天过去了，到了六个月后的某一天，史黯终于带着大量的情报从卫国回来了。

原来，卫国国内发生了一些出乎意料的新情况。

过去，卫灵公重用谄媚进谗言的小人弥子瑕。现在，他接受了大臣们的忠谏，罢免了弥子瑕，任命德高望重的

注释

德高望重：指品德高尚，声望很高。多用来称颂年纪高而且有名望的人。

贤臣蘧伯玉为宰相，赢得了民心。为了激起国人的同仇敌忾之心，卫灵公派人公开宣布说："晋国已经命令我国，凡有姐妹、女儿的人家，都要抽调一人去当人质。"消息传出后，卫国群情激愤，充满了对晋国的强烈仇恨。

①不久前，孔子和他的弟子子贡到了卫国，受到卫灵公的盛情款待，子贡还被任命为宰相。这件事对于招徕贤才、安定民心、巩固卫国的统治起了重要作用。

史黯报告了以上的情况后说："卫国现在贤臣很多，士气旺盛，想用武力使它屈服，可能要付出很大的代价，请元帅三思而行啊！"赵简子听了，立即下令按兵不动，暂时放弃袭击卫国的计划。

❶叙述

卫国广招贤人志士，民心得到安定，统治更加稳定，国力随之大增。赵简子还会出兵攻卫吗？

精华赏析

"按兵不动"的意思是指挥官命令军队暂不行动，等待战机。赵简子攻卫国前先派史黯前去刺探军情，而得到的情报出乎了赵简子的预料，不得已之下，他下令按兵不动。本故事既表现了史黯出色的才干和赵简子的冷静，同时也说明了情报工作的重要性。晋、卫两国人民也因此都避免了一场战争灾祸。

延伸思考

1. 赵简子派史黯到卫国做什么？
2. 赵简子为什么没有对卫国出兵？

相关评价

本文故事围绕史黯刺探军情展开，以叙述的方式将故事娓娓道来。通过对赵简子的语言描写，表现出该人物小心谨慎的性格特征，同时说明了做大事需要深谋远虑的道理。

暗度陈仓

名师导读

　　韩信在霸王项羽的帐下并没有受到重用，又去投奔了刘邦。他并没有一去就拿出张良的推荐信，反而是用自己的能力得到了萧何的认可，这才被刘邦任命为大将军。那么，暗度陈仓是怎么样的一个计策呢？

　　为了施展自己的抱负，韩信投到西楚霸王项羽的帐下，做了一名下级军官，当时叫执戟郎。自己满腹韬略，却只能如此屈就，韩信心中很是不平。不久，他遇到汉王刘邦手下的谋士张良。通过交谈，张良知道韩信非一般人物，十分器重他的军事才能，便写了一封推荐信，让韩信带着去见刘邦。在信中，张良劝刘邦拜韩信为大将军，这样一统天下便有望了。

　　①韩信见到刘邦后却没有将信拿出来，刘邦自然也就不知道他的军事才能，便没有重用他。

　　韩信看自己遭到冷遇，一气之下，夜间牵出自己的坐骑，打马而去。丞相萧何得知消息，星夜追赶，终于将韩信追回。来到军中，萧何说服刘邦拜韩信为大将军，统率汉军的全部兵马。刘邦同意了萧何的意见，这时韩信才将张良的推荐信呈给刘邦。看到这些，萧何十分钦佩韩信的骨气。

　　汉王刘邦要拜大将军的消息传到军中，许多人，特别是樊哙本人，都一致认为，统兵大将非他樊哙莫属。

　　汉王刘邦命人搭起十丈高的将台。到了拜将的这一天，大小三军将校肃立台下，旌旗在台上迎风招展，将台

❶叙述

　　交代枚乘担任的职务，为下文他劝谏吴王作铺垫。

读书笔记

周围刀枪林立，气氛庄严而肃穆。

时辰已到，汉王刘邦手捧斗大的黄金印缓步走上将台。①这时人们才发现，被任命为破楚大将军的不是久在汉军、赫赫有名的樊哙，而是名不见经传、当年受过胯下之辱的韩信。

顿时，大小将士一片哗然，樊哙心中更是不服。但看到将台上的刘邦一脸威严，将士们才都平静下来。

拜将已毕，韩信立即命令樊哙率领三千步兵修复四川通向内地的栈道。

此时，楚霸王项羽派到关中监视汉王刘邦的守将司马欣等，听说新被刘邦拜将的韩信只派了三千人去修复栈道，认为那简直如同儿戏一般，暗笑韩信也不过如此，丝毫没有将这事放在心上。

在司马欣他们看来，三千人要想把烧毁的栈道修复，没有三五年的时间，根本是不可能的，于是放松了防守。

楚霸王手下的人哪里会想到，②韩信派人去修栈道，只不过是虚晃一枪，用意是麻痹他们。此时，他已暗中集结重兵直取四川通往陕西的门户——陈仓郡。

韩信这条"明修栈道，暗度陈仓"的计策可真是绝妙，它不仅没被楚霸王项羽识破，就连汉王刘邦也被蒙在鼓里。

韩信深知兵贵神速的道理。他完成了军事部署，立即下令将樊哙调回，任命他为先锋官，直取陈仓，为汉王进攻中原打开通道。

韩信率领大军，一鼓作气拿下陈仓。接着长驱直入，迅速攻下长安附近的军事重镇，从而揭开了"楚汉大战"的序幕。

至此，楚霸王项羽才意识到形势的严峻，但为时已晚。汉王刘邦和樊哙直到此时才对韩信的用兵有了正确的认识，他们终于承认萧何慧眼识才。

❶叙述

说明当时大家十分看好樊哙，而并不看好声名不显的韩信，为后文埋下伏笔。

❷叙述

"明修栈道，暗度陈仓"，表现出韩信的军事才能。

精华赏析

韩信用自己的能力证明了自己是有能力担任大将军的，他出色的军事才能在"明修栈道，暗度陈仓"这个计策中得以完美体现。

延伸思考

韩信为什么会被刘邦任命为大将军？

相关评价

文章描述的是楚汉相争时期韩信智取陈仓的故事，围绕韩信给人带来意外的主旨展开。文章中采用了欲扬先抑的手法，通过其他人的角度反复贬低、质疑韩信，直到最后的大胜才让大家看到韩信的足智多谋。

八斗之才

名师导读

谢灵运是著名的山水诗人，他满腹才华，然而在仕途上却十分坎坷，这是为什么呢？成语"八斗之才"又因何而来呢？一起去看看吧！

南北朝时有个叫谢灵运的诗人，他聪明好学，读过许多书，是我国"山水诗派"的创始者。因为他继承了祖父的爵位，被封为康乐公，世人都叫他"谢康乐"。其实他也并非事事称心，所谓的康乐公只是个虚名而已。① 不久，他就遭到权臣的排挤，被派到永嘉（今浙江温州一带）去当太守。

离开繁华的京城后，谢灵运总觉得自己怀才不遇，因此常常扔下政务，径自去游览郡内的山水名胜，以此来发泄心中的怨恨。后来他干脆借口有病，辞官离开永嘉，移居到会稽（今浙江绍兴），在依山傍水的地方，修建了精美的房舍，经常与友人夜以继日地饮酒作乐。有一次在千秋亭上饮酒时，谢灵运竟脱光了衣服，狂饮狂叫，地方官吏派人劝止，被他大骂了一顿。

谢灵运终日流连在山水之间，写下了许多诗篇。由于他的诗描绘自然景物逼真细致，受到当时人们的欢迎，大家争相传抄，流传很广。宋文帝即位后，很欣赏谢灵运的

❶叙述

　　谢灵运遭到排挤，心情肯定郁闷，为下文谢灵运在永嘉做出的一些荒唐事作铺垫。

🖋读书笔记

才华，将他召回京城，让他做秘书监。文帝经常称赞谢灵运的诗作和书法是二宝。这样一来，本来就自命不凡的谢灵运更加骄傲得不可一世了。谢灵运觉得魏晋二百年来，除了曹子建外，没有什么人可以与自己相比，他曾经夸口说："天下的才共有一石，曹子建独占八斗（八斗之才），我得一斗，其余的人共分一斗。"

❶叙述

写出了谢灵运仕途不顺的主要原因。

①后来，谢灵运故态复发，不守朝廷法度，经常借口生病出城远游，被免去了官职。回到会稽后，谢灵运与太守发生争执，太守上书皇帝告他谋反。文帝知道他不会真的谋反，就把他派往临川（今江西抚州）去担任内史。谁知他仍然不改旧习。官府派人拘捕他，他竟然命令家将抵抗，结果以叛逆罪被处死，年仅四十九岁。

精华赏析

"八斗之才"的说法，表现了谢灵运的恃才傲物，也表达了他对曹植的仰慕。谢灵运是一个才华横溢的人，但是他随意而为、不受约束的性格导致了他仕途的不顺。也正是他这种狂放不羁的性格，成就了他在文学上的造诣，为后人留下了脍炙人口的山水诗。

延伸思考

谢灵运仕途不顺的原因是什么？

相关评价

本文故事结构清晰，让我们看到了谢灵运的才华。通过列举谢灵运曾经的事例，又让我们看到了谢灵运的性情，也为结尾谢灵运的下场埋下了伏笔。

百折不挠

名师导读

桥玄是一个嫉恶如仇、性情刚烈的人，成语"百折不挠"就是对他的评价。让我们一起来看看有关于他的故事吧！

桥玄，字公祖，东汉梁国睢阳（今河南商丘）人。出身官僚世家，其祖父、父亲都当过太守。他在县衙当功曹时，接待豫州刺史周景，向周景揭发陈国相羊昌的罪行，并表示愿意陪周景到陈地去查办案情。周景认为桥玄刚正不阿，当时签署命令，任命他为专使，调查羊昌。桥玄到达陈地，立即收审羊昌的宾客，调查赃罪，查获大量罪证。

①羊昌是大将军梁冀的亲信。梁冀命令周景停止对羊昌的调查。周景接到命令，发文件调桥玄回任。桥玄置之不理，终于将羊昌用囚车押到州衙受审。桥玄因此威名远扬。

汉灵帝初年，桥玄官任河南府尹，后转任鸿胪卿等职。他与南阳太守陈球的关系很紧张，待桥玄位至三公时，却推荐陈球任廷尉。陈球上任果然执法严明。

桥玄的儿子十岁时，在家门口玩耍被强盗绑架。强盗带上人质，让桥玄出钱赎买，桥玄严词拒绝。这时，河南尹和洛阳县令得到消息，派人将桥玄府第包围起来。他们担心强盗杀害人质，不敢向强盗进攻。

②桥玄瞪起眼睛大声命令说："赶紧抓强盗，不要因为一个小孩子而放纵坏人。"最后，强盗伏法，但孩子也丢了

①叙述

体现了桥玄不畏强权、当机立断、刚正不阿的性格。

②神态、语言描写

表现了桥玄不受威胁、为惩罪犯不惜一切代价的性格。

17

性命。

桥玄立即请皇帝下诏，以法律形式规定凡是劫持人质、勒索钱财者，一律处斩，禁止用金钱赎人，防止助长恶人的气焰。

自汉安帝以来，绑架案件频繁发生，到诏书颁布之后才逐渐杜绝。

曹操没做官的时候，没人了解他的政治和军事才能。曾有一次，曹操与桥玄倾谈，桥玄很欣赏曹操的见解，对他说："天下大乱是免不了的，将来能安定天下的人可能就是你呀！"

❶语言描写

体现了桥玄幽默、豁达的性格，同时也表现了桥玄对曹操的赏识。

曹操从此将桥玄视为知己。①桥玄又开玩笑说："你显赫后，经过我的坟墓，如不用酒肉祭奠我，你车子走过三步，若肚子疼，可别怪我。"

曹操做丞相后，路经桥玄坟墓，想起了旧日的情谊，作了一篇纪念文章，文中回顾了当时的趣事，文章结尾，忽然悲从中来，读之令人伤怀。

❷引用

这是对桥玄的高度评价，赞扬了其高尚的品格。

东汉蔡邕《太尉桥公碑》碑文中颂扬桥玄说：②"高明卓异，为众杰之雄。其性庄，疾华尚朴，有百折而不挠，临大节而不可夺之风。"

精华赏析

桥玄面对梁冀的强权压迫不动声色地惩治官员，为了缉拿强盗宁可牺牲自己儿子的性命。本文将桥玄嫉恶如仇、刚正不阿、百折不挠的性格表现得淋漓尽致，令人钦佩。

延伸思考

1. 梁冀用自己的大权干扰"司法公正"时，桥玄是怎样做的？
2. 强盗拿桥玄儿子的命相要挟时，桥玄说了什么？

相关评价

　　文章中先以叙述的方式说明了对手的强大，但桥玄照样秉公执法，烘托出了桥玄刚正不阿的品性。文中多次出现桥玄的语言描写，既体现出该人物的高尚情操，也向读者传达出了为人的道理。

八面威风

名师导读

　　元朝统治残暴，人们无法忍受而纷纷起义，朱元璋就是起义队伍中的一个，而且颇具实力。张士诚和陈友谅见其羽翼渐丰，便想联手对付他，那结果如何呢？

　　元朝的统治是十分残暴的，统治者将百姓分成四等，即蒙古人、色目人、汉人和南人。特别是到元朝末年，元顺帝在位期间，统治更是空前残酷，政治极端腐败。

❶叙述

说明了当时蒙古统治者的残暴，完全不将百姓当人看。

　　①蒙古统治者飞扬跋扈、抢男霸女、草菅人命，他们任意妄为，根本不把百姓放在眼里，尤其是汉人和南人，简直牛马不如，任由他们宰割。

　　百姓求生无路，纷纷铤而走险，扯起造反的大旗，反抗元朝统治者的暴政。疾风骤雨般的起义风暴，使元朝的反动统治很快便土崩瓦解了。

　　公元 1353 年，起义军首领张士诚率领义军攻克高邮，然后渡过长江直取常熟、湖州、松江、常州，建都称王。公元 1357 年，湖北人陈友谅自封平章，占领江西、福建，建都九江，自称汉王。与此同时，浙江人方国珍也趁机起兵，占据浙东。

　　各路起义军中势力较弱的朱元璋，于公元 1356 年攻克集庆（现在的南京），自号吴国公。②自己取得了一定的胜利，占领了相当多的地方，下一步棋该如何走，如何走才能奠定自己将来的霸业，朱元璋无时无刻不在思考这些问题。

❷叙述

说明朱元璋不盲目自信，他做事很有计划性。

　　这时，有人向他推荐士人朱升，要朱元璋不妨向朱升求教。于是，朱升告诉朱元璋一条成功的诀窍，他对朱元璋说："高筑墙、广积粮、缓称王，定能成就一番大事业。"听了朱升的妙计，朱元璋立即囤积粮草，训练兵马，准备扫荡群雄，一统华夏。

张士诚和陈友谅看到朱元璋羽翼渐丰，兵精粮足，成为他们最大的威胁，便准备联手一举灭掉朱元璋。朱元璋怎容他们得手。他命令手下大将华云冒充张士诚的儿子到陈友谅军中商议军计，被陈友谅的大将张定边识破。①张定边几次向陈友谅提出忠告。陈友谅不但没有采纳张定边的建议，反而一怒之下夺了张定边的军权。陈友谅决心与朱元璋为敌到底，一场恶战将在鄱阳湖上展开。

❶叙述
说明陈友谅独断专行，不听取劝告。

鄱阳湖一战，陈友谅的数十万大军被朱元璋烧得所剩无几。混战中，陈友谅中箭身亡。看到大势已去，陈友谅的儿子率领残兵败将乖乖地归顺了朱元璋。朱元璋大获全胜，在九江口张灯结彩，犒劳三军。将士们大碗喝酒，大块吃肉，三军气势酣畅淋漓。为了不让将士们在酒宴上过于拘谨，朱元璋便与大将徐达走出大帐。他们换上便装，边走边聊。此时，月上柳梢，清风送爽，二人精神为之一振，于是朱元璋提议过江一游。

江边只有一只小船，划船的是一对夫妇，徐达走上前去，客气地请二位老人把他们送过江去。老夫妇相视一笑，欣然请朱元璋和徐达上船。船行至江心，老人突然放开嗓子喊起船工号子，他唱道：②"圣天子身后，盘云龙护驾；大将军马前，有八面威风。"

❷语言描写
说明老人认出了朱元璋。

二人听了，会心一笑。后来朱元璋定都南京，做了大明朝的开国皇帝，寻找到当年那对老夫妇，给予封赏，并将那条渡船涂成红色，作为纪念。

注释
酣畅淋漓：形容非常畅快、舒适。酣畅：畅快；淋漓：饱满畅快的样子。

精华赏析

　　朱元璋在元朝末年的众多起义军中大获成功，这与他的宽和态度是分不开的。他在打仗途中体谅军士，对百姓也表达了自己的善意，因此他才得民心。

延伸思考

朱元璋为什么能取得成功？

相关评价

　　文章通过讲述朱元璋的成功，来体现出民心所向的重要性。以元朝的残酷统治和朱元璋的体恤军士作对比，两者形成强烈反差，说明成大事需要的不仅仅是智谋，还有民心。

拔山扛鼎

名师导读

在秦朝的苛政下，起义的人很多，项羽就是其中一个。他力大如山，能独自扛起大鼎而被人们熟知，那他还有什么样的故事呢？来看看吧。

①鼎与镬并称，在殷周时期是生活中必备的炊具，规格大小不等，宫中王室所用的鼎最大最重，制度规定诸侯所用之鼎不能超过天子的规格，不然会被视为僭越。在地方各县、乡，鼎经常用来煮肉，祭祀先祖。

项羽年轻时，在乡里意气风发，很受同龄人的敬重，但他力大如山起先却不为人们所知。有一年腊月，正逢每年一度的大典，乡里煮肉，需要到邻乡去借鼎，项羽带领十几个小青年去搬运。到了地方，十几个人七手八脚，累得通身是汗，还是没办法将鼎抬走。这时项羽走过来，推开众人，将鼎扛在肩上转身便走，将众人惊得目瞪口呆，以为是天神下界。从此，项羽的威望在家乡百里之内分外显赫。

秦始皇统一中国后，老百姓的生活不仅没有得到丝毫改善，反而负担日益加重。战争虽然暂时停止了，但无穷无尽的徭役、无休无止的征兵仍然困扰着人民。后来，秦始皇病死沙丘，秦二世胡亥靠阴谋嗣位。天下形势如箭在弦上，一触即发。②先是陈胜、吴广在大泽乡起义，很快星星之火便呈燎原之势，全国各地到处飘扬反秦大旗。

项羽先是跟随叔父项梁在吴中举事，一路斩关夺隘，几次大败秦兵，力量日益壮大。项梁从此产生了轻敌情

❶叙述

叙述了鼎的作用，引出后文。

✍读书笔记

❷叙述

写出了起义的人很多，说明秦国的统治不得民心。

23

绪，甚至以为秦军不堪一击。

当时，宋义与项梁同在楚怀王麾下任事。项梁为主将，宋义为副将，项羽为末将。宋义见项梁骄傲轻敌，便劝诫说："我们虽打了几次胜仗，但现在将军骄傲，士卒懒惰，秦兵的援军却源源而至，我们应谨慎才是。"

❶叙述

项梁不将宋义的建议放在心上，表现出他的自负。

①项梁对宋义的话十分反感，就把宋义打发到齐国公干。

这时秦国大将章邯统兵攻击楚军。章邯久在军旅，作战经验丰富，一战大败楚军，项梁阵亡。

宋义从齐国归来。有人对楚怀王说："宋义在楚军兵败之前就有预见，看来这个人是很会用兵的，应任命他为大将。"

怀王于是下令，任宋义为上将军，命项羽为次将，统军驰援赵国。

楚军行至安阳，宋义下令驻扎，一连逗留几十天。项羽敦促宋义进兵，宋义却说："军前交锋，我不如你；在帐中设计，你不如我。"

宋义还针对项羽颁布军令，说："有不听军令者斩！"

❷叙述

宋义是一个不体谅将士的人，在军中不得人心，为后文作铺垫。

②当时，秋雨绵绵，士卒因军粮不足，饥寒交迫，宋义却在帐中饮酒作乐。

项羽见时机成熟，单身入帐，杀掉宋义，得到楚军的拥戴。在后来的征战中，项羽的一系列壮举威震天下，并自立为西楚霸王，封刘邦为汉王。

五年后，楚、汉在垓下会战，楚军被汉军用十面埋伏之计团团围住。项羽见大势已去，叹息道："力拔山兮气盖世，时不利兮骓不逝。"后突围至乌江，因羞于见江东父老而自杀。

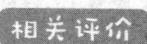

精华赏析

"拔山扛鼎"的意思是拔起大山，举起重鼎。形容力气很大。项羽打仗很厉害，但是做事没有谋略，因而才会有最后在乌江自刎的结局。

延伸思考

1. 宋义是怎么死的？
2. 项羽是一个什么样的人？

相关评价

文中宋义的一句话既是评价，也为下文项羽的结局埋下了伏笔。文章在为项羽惋惜的同时，表达出处事需三思而行的道理。

兵不厌诈

名师导读

晋文公为了帮助宋国而引来了楚国的军队，兵临城下，面对强大的楚军，晋文公会如何对敌呢？

公元前 633 年，楚国攻打宋国，宋国向晋国求救。第二年春天，晋文公派兵攻占了楚的盟国曹国和卫国，要他们与楚国绝交，才让他们复国。楚国被激怒了，撤掉对宋国的包围，来和晋国交战。两军在城濮（今山东鄄城西南）对阵。

晋文公重耳做公子时，受后母迫害，逃到楚国，受到楚成王的款待。楚成王问重耳以后如何报答，重耳说：

"美女、绸缎，等等，您都有了，我能给您什么呢？假如托您的福我能回国执政，万一遇到两国发生战争，我就撤退三舍（一舍为三十里）。如果楚国还不能谅解，双方再交手。"

①为了实现当年的诺言，晋文公下令撤退九十里。楚国大将子玉率领楚军紧逼不舍。

当时，楚国联合了陈、蔡等国，兵力强；晋国联合了齐、宋等国，兵力弱。应该怎样作战呢？晋文公的舅舅子犯说：

"我听到过这样的说法，对于注意礼仪的君子，应当多讲忠诚和信用，取得对方的信任；在你死我活的战阵之间，不妨多用欺诈的手段迷惑对方。你可以采取欺骗敌军的办法。"

②晋文公听从了子犯的策略，首先击溃由陈、蔡军队组成的楚军右翼，然后主力假装撤退，引诱楚军左翼追赶，

❶叙述

说明晋文公是一个重承诺的人。

❷叙述

晋文公善于听取臣下的谏言，而且也擅谋略。

再以伏兵夹击。楚军左翼大败，中军也被迫撤退。

这就是历史上著名的以弱胜强的"城濮之战"。晋国取胜后，与齐、鲁、宋、郑、蔡、莒、卫等国公盟，成为诸侯霸主。

精华赏析

"兵不厌诈"的意思是作战时尽可能地用假象迷惑敌人以取得胜利。晋文公在兵力明显比楚国弱的情况下，采用了舅舅子犯的策略，使用假象来迷惑楚军，因而取得了"城濮之战"的胜利。这是一场以少胜多的战争，也因此奠定了他日后成为诸侯霸主的基础。

延伸思考

1. 晋文公面对楚国的军队，为什么撤退？
2. 晋文公是怎么帮助宋国的？

相关评价

文章以晋国和楚国交战为例，深刻体现出"兵不厌诈"的道理。文中对子犯的语言描写引人深思，说明人不能墨守成规，应该根据情况的不同随机应变。

不识之无

名师导读

白居易是我国唐代伟大的现实主义诗人，他的诗歌题材广泛，形式多样，语言平易通俗，有"诗魔"和"诗王"之称。让我们一起来看看有关他的故事吧。

白居易是唐朝著名诗人，他的诗通俗畅达，有"老妪能解"之誉。《长恨歌》和《琵琶行》两首叙事长诗，都体现了这种风格，是千古传诵的名篇。

❶叙述

交代了白居易的生活、成长环境，为他日后成为著名诗人作铺垫。

①白居易自幼聪明。他父亲是读书人，曾任彭城县令。白居易从小受家庭熏陶，喜欢读书吟诗。据史载，白居易的奶妈是个颇有心计的人。她带孩子很少在卧室久留，而是常常把他带到书房里玩耍。白县令批卷，她就抱着小白居易站在一旁看。有时还翻开书把一些笔画简单的字教给他念念认认。

❷行为描写

表现了小白居易的认真、可爱、聪慧。

白居易长到七八个月时，奶妈指着书上的"之"字让他认，然后让他在另一页找出所有的"之"字来。②白居易眨动着大眼，找得十分认真，一个也没漏。奶妈高兴地鼓励他，用同样的方法再去找"无"字，结果每次都能找对。家里人见白居易这样聪明，稍大一点就教他读诗文。在年龄相仿的幼童中，白居易的才智明显地高出一截。

白居易入京应举时，拿了自己的诗去拜见诗人顾况。当时顾况已是朝中重臣，且很有诗名，一般人的诗都不看在眼里。①通报姓名后，顾况打量了一下白居易，说道："现在京城米贵，'居'恐怕不易啊。"等到翻开诗卷，映入眼帘的是："离离原上草，一岁一枯荣。野火烧不尽，春风吹又生。"

顾况只感到一阵清风吹来，觉得此诗的语言朴实无华，寓意却又那样深刻。顾况大加赞赏，连声道："有这样的诗才，'居'得'易'了！"

与白居易同时代的还有一位著名诗人，叫元稹。他们俩是好朋友，文学观点一致，诗的水平相近，就连做过翰林学士和被贬出京的经历，也是那样相似。所以，当时人们将他俩并称"元白"。

白居易被排挤出长安后，先到了襄阳，接着渡汉水、入长江，东去九江。②在怨恨寂寞的谪戍途中，他想起了好友元稹，写了一首诗："把君诗卷灯前读，诗尽灯残天未明。眼痛灭灯犹暗坐，逆风吹浪打船声。"

诗中写秋夜诗人独坐小舟，登上赴贬地江州的漫长水路。灯光如豆，诗人吟诵着元稹的诗卷。诗读完了，灯亦将灭，天却还没亮。看诗看得久了眼睛疼，灭灯等待大明。漫漫长夜，耳边只听见逆风卷浪拍击小船的声音。

③寥寥四句，紧绕一个"灯"字，把自身的情感和黑暗的社会现实融为一体，写得多么形象生动！

❶语言、神态描写

体现了顾况对白居易的不屑，和下文对白居易的大加赞赏形成强烈对比。

❷引用

体现了白居易的孤独寂寞，以及对好友的思念。

❸议论

对白居易的诗做了高度评价，由此可见白居易诗歌的艺术成就之高。

精华赏析

文章先对白居易的家庭背景做出说明，接着叙述白居易成长过程中的与众不同，最后点出白居易的成就。一切显得水到渠成，顺理成章，层次清晰，让人对白居易的生平概况一目了然。

延伸思考

1. 白居易的奶妈对他有什么影响?
2. 顾况对白居易的态度有什么变化?

相关评价

　　本文从白居易七八个月大就认识"之""无"入手,着重写了白居易的聪慧和才气,概括地介绍了他的生平,高度赞扬了白居易的诗作。"不识之无"意思是连常见的"之"和"无"都不认识。用来形容人的文化水平低,在这个故事中反衬幼年白居易的智慧。

不忘沟壑

名师导读

孟子和孔子一样，在游说诸侯、传播自己的儒家思想的时候，都遭遇过许多挫折，面对挫折，孟子是怎么做的呢？

孟子是儒家学说的集大成者，他将孔子的思想发扬光大。当年，孟子也像孔子一样，周游各国，游说诸侯，希望通过说服诸侯实施他的政治抱负。

孔子的游说很不理想，诸侯对孔子的"仁义"学说反应冷淡，弄得孔子心灰意冷，叹息说：① "我的理想不能实现，干脆坐上木筏子到海上去算了（道不行，乘桴浮于海）。"

孟子的处境比起孔子也好不了多少。这在《孟子·梁惠王》中可以看出端倪。如梁惠王一见到孟子就不大尊敬地问道："老头，你不辞辛苦，千里迢迢来到魏国，能给我国带来什么好处吗？（叟不远千里而来，将有利于吾国乎？）"

经过几次碰壁，孟子觉察到，他的政治理想很难为诸侯接受，便放弃了会见诸侯的想法，授徒自娱。

孟子有个学生叫陈代，他觉得老师不该就此消沉，还是应该积极行动起来。

②一日，他谒见孟子，委婉劝说道："先生还是应该主动与诸侯见见面，无须将气节看得过重，您对诸侯阐明我们的学说，最低限度能让国君有所作为，改良政局。万一说动了他们，也许能广施仁政，使百姓受益。古人云，往回退缩一尺，就会向前伸展八尺。我们何乐而不为呢？"

❶语言描写

孔子游说不理想，导致了他心灰意冷，起了随波逐流的心思。

❷语言描写

陈代劝说孟子要坚持理想，不能就此消沉。

孟子很不以为然，长叹一声，说："先说几件往事吧。齐国的景公生性浮躁，特别热衷于打猎，甚至一连几夜流连在外，不肯回宫。有一次，他居然用羽毛装饰的旗帜当作令牌来呼唤猎场的小吏，小吏认为这种做法与礼仪相悖，拒不执行命令，因此被景公杀掉。"

陈代迷惑不解地问："这与先生有什么关系呢？"

孟子说："当然有哇，不然，说这些干什么？这件事传出以后，被孔子听说了。孔子十分赞叹这位小吏的做法，他评价说：'注重节操的有志之士把人生原则看得重于性命，为了保持节操，他不怕尸体埋葬在山谷大沟；有勇气的英雄更不惜牺牲生命维护正义。（志士不忘沟壑，勇士不忘丧其元。）'[①]别人能不惜性命来保持自己的人格，我怎么会放弃自尊卑躬屈膝主动去谒见诸侯呢？"

❶语言描写
表现出孟子对孔子的推崇。

孟子继续说："你说的委屈一尺，伸展八尺，还是从利益着眼。晋国有个车夫王良，他拒绝为晋国大夫赵简子的小吏驾车，因为这个小吏行为不端。连车夫都能做到的事情，我为什么做不到？儒家门徒怎能为了个人富贵而丢掉为人原则呢？"

陈代觉得自己对老师及儒家礼仪观念还是了解不够，暗下决心，努力掌握儒家的思想精髓及处世之道。

精华赏析

"不忘沟壑"解释为念念不忘为正义而死，弃尸山沟。形容有为正义献身的思想准备。也比喻人发迹之后不忘过去贫贱的日子。孟子正是怀着这样的心思来游说诸侯的，面对诸侯的不尊重，孟子始终坚守自己贫贱不移，威武不屈的做人原则。

延伸思考

1. 孟子为什么感到失落?
2. 陈代怀着什么样的心态去劝说孟子的?

相关评价

　　文章着重于孟子和学生陈代的对话描写,通过两人思想上的差别对比,来阐述节操与利益两个出发点的不同。对话中又列举小吏和车夫两个例子,加深了故事的寓意。故事整体结构简单清晰,向人们传达出为人不能因为利益背弃原则的道理。

不修边幅

名师导读

马援在王莽兵败身亡之后到了隗嚣身边，很得他的器重，后来隗嚣在选择投靠者的时候，令马援前去考察各方势力。马援去见了公孙述和刘秀，这两个人给马援留下了什么印象呢？

东汉时的名将马援，字子渊，扶风郡人，是战国时名将赵奢的后代。

当年赵奢屡立战功，被封为马服君，其子孙因此以官为姓，也就都改姓马了。①西汉末年，丞相王莽大逆不道，废掉汉孝平帝，自立为帝，改国号为新，不久便天下大乱。

❶叙述

王莽篡权，之后引来天下大乱。

王莽称帝时，马援曾被任命为新城大尹（太守）。王莽兵败身亡，马援流落西凉，很受当地军事首领隗嚣的信任，隗嚣将他留在身边，相处十分融洽。

刘秀定都洛阳时，整个天下还处于分裂中，没有统一起来，樊崇领导的赤眉军还相当有实力，称帝四川的公孙述还十分活跃。

隗嚣知道自己虽然雄踞西凉，但不具备统一中国的能力，但一时又拿不定主意该向哪方势力靠拢，一直处于观望选择之中。

这一天，隗嚣找来马援商议。马援认为，需要认真对各方面势力做综合分析后才能最后定夺。②隗嚣觉得马援的态度慎重，便派马援为专使到各处考察。

❷叙述

说明马援很受隗嚣的器重。

马援与在四川称帝的公孙述是同乡，从小就十分要好，所以马援首先去的地方就是四川。在马援的头脑中，老朋友一见面，定会兴奋异常，畅叙别情。他哪里知道，那是他一厢情愿，公孙述接待他时态度十分严肃，很郑重地按外交礼节把他安排到宾馆，并派官员送去衣帽等请马援更换。

接见时，公孙述摆出皇帝出行时的全副仪仗，卫士戎装整齐，戈甲鲜明，骑兵排列，数十面旌旗前呼后拥，亲自迎接马援入朝。然后会齐文武百官，由主管礼仪的官员遵照程序，把马援安排在贵宾的位置上，接着又正式任命他为大将军，并封为侯爵。

①马援觉得公孙述的一系列举动都像在演戏，十分可笑，便婉言谢绝了。

❶叙述

说明公孙述不是一个可以投靠的人选。

此事过后，马援对朋友说："现在各路英雄都有一统天下的打算，究竟鹿死谁手一时还难以预料。这时最重要的是招揽各种人才。公孙述不能废寝忘食，礼敬天下英杰，反而刻意装扮，如同木偶，这样怎么会留住人才呢？"马援看出公孙述不是成就大事业的人，便离开四川，日夜兼程赶往洛阳，去见光武帝刘秀。刘秀接到通报，说马援来见，立即说"请"。

会见时，刘秀对马援无半点儿戒备。马援便怀了几分敬意，他问刘秀："陛下，现在各路英雄都欲一统天下，十分不太平，我前来见陛下，陛下无半点儿戒备，就不怕我马援是谁派来的刺客吗？"

②刘秀见马援说话坦率，便对他说："我知道你不是什么刺客，但你必定是个说客。你来到我这里是想谈谈天下大事吧！"

❷语言描写

刘秀十分坦率，说话很随意，不会给人刻意而为的感觉。

话已投机，他们越谈越有兴致，谈话中，马援觉得刘秀很像刘邦，具有为王者的风度和胸怀。当他返回西凉后

注释

一厢情愿：指只是单方面的愿望，没有考虑对方是否同意，或客观条件是否具备。

便建议隗嚣向刘秀靠拢。

后来，马援来到洛阳，由于军功卓著，被刘秀封为伏波将军。

精华赏析

马援有军事才能，也有自己的政治见解，所以不管他投靠哪一方，只要选择对了明主，那么马援就能让自己一展所长，这是他个人魅力的独特体现。

延伸思考

马援为什么建议隗嚣向刘秀靠拢，而不选择公孙述？

相关评价

不修边幅，原指不拘小节，后形容不注意衣着仪容。本文讲述马援考察各方势力的故事，用同乡公孙述和光武帝刘秀作为例子。以光武帝刘秀的胸襟气魄，对比公孙述只知修饰边幅的浮夸做作，强烈的对比之下，寓意为人需有真才实学，不能只修饰外表的道理，读来让人印象深刻。

不遗余力

名师导读

　　赵国和秦国交战屡战屡败，虞卿对此提出了建议，但赵王却没有采纳，而是自作主张地采用了其他的方法。结果怎样呢？

　　《史记·平原君虞卿列传》记载了这样一件事：

　　①战国时期，有位四处游历的说客，他来到赵国，穿着草鞋，头顶笠帽，游说赵孝成王。

　　孝成王对此人一见倾心，赐予他大量黄金和一双白璧，后来，又拜他为上卿，并将虞地封赐给他。于是，此人便号为虞卿。

　　秦国同赵国在长平作战，赵军连吃败仗，损兵折将。赵王便召集楼昌和虞卿等人计议道："我军屡战屡败，今天又有一名都尉阵亡了。我打算集中所有兵力，与秦军决一胜负，大家看怎么样？"

　　楼昌说："这无济于事啊！依我看，不如派遣有身份的使者去跟秦国人讲和吧！"

　　②虞卿说："楼昌之所以建议与秦国和谈，其原因无非是认为如果不和谈，我军必然要灭亡。可是，和谈的主动权现在掌握在秦国人手里呀。"

　　稍稍停顿之后，虞卿接着问赵王道："请问大王，您看秦国人是一心要攻灭我国的军队呢，还是另有他图？"

　　赵王心事重重地回答道："秦军攻击我军，不遗余力啊（秦国使出了它的全部力量啊）！它必将攻破我军，方才罢休。"

❶外貌描写

　　刻画了虞卿衣着简陋的形象，和他的才能形成强烈的对比。

❷语言描写

　　赵国处于劣势，没有和谈的主动权。体现了虞卿的政治才能。

❶语言描写

虞卿提出了非常好的方案，体现他的足智多谋。赵王会采纳吗？

❷语言描写

赵王没有采纳虞卿的建议，而是自作主张与秦国和谈。结果怎样呢？引出下文。

❸语言描写

虞卿详细分析郑朱入秦所造成的负面影响，判定赵国将岌岌可危。

虞卿道：① "大王您听我说，我国应该派出使者，带着贵重宝物去结交楚国和魏国。他们想得到我们的宝物，肯定会接纳我国的使者，并与我们合作。赵国使臣到楚国和魏国去，而且受到他们的盛情接待，秦国必然怀疑天下各国会联合起来反对他，一定很恐慌。这样，和谈才能取得成效啊。"

赵王听不进虞卿的话，单方面派遣郑朱到秦国去与秦国媾和，秦国接纳了郑朱。

②赵王自以为得计，于是招来虞卿，问道："我派郑朱到秦国进行和谈，秦国人接纳了郑朱，看来事情是有希望了，爱卿你以为如何？"

虞卿给赵王当头泼了一盆凉水，他说道："您的和谈肯定不会成功，赵国的军队定将遭到毁灭性打击。"

赵王听了大吃一惊，觉得虞卿所说简直莫名其妙。虞卿见赵王不解，接着又对赵王说道：

③ "现在全天下那些替秦国人捧场，等着祝贺秦国大获全胜的人们，都集中在秦国了。那郑朱，是一位贵人，您把他派到秦国去，秦王和他的大臣范雎如获至宝，他们必定会借郑朱入秦一事，来向天下人显示秦国如何了不起，并借此提高和谈条件。而楚、魏两国会认为赵国已与秦国媾和，必然不会来救您。秦国得知各国不来救赵，和谈是不一定能成功的。"

果然，范雎借郑朱来秦国一事，向那些祝贺秦国打了胜仗的人大肆炫耀秦国的威风，最终不肯与赵国谈和。赵国军队由于主将赵括是个不会带兵打仗而只知夸夸其谈的人，在长平被秦将白起打败，全军覆灭，秦军围攻赵国都城邯郸。最终秦国因久战兵疲，逼迫赵国割让六座城池才退兵。赵国由于决策错误，也遭到了人们的耻笑。

精华赏析

　　秦国不遗余力地攻打赵国，赵王没有听取虞卿的意见，因而失去了援助，导致全军覆灭而遭人耻笑。这个故事表现了虞卿的远见卓识与足智多谋，同时了也讽刺了赵王的愚昧和自作聪明。

延伸思考

1. 虞卿的名字是怎么来的？
2. 面对秦国的进攻，虞卿对赵王提出了什么应对的建议？
3. 赵军最后为何会全军覆灭？

相关评价

　　文章中对虞卿的语言叙述描写得十分细致，生动刻画出该人物的精明形象，同时与赵王的目光短浅形成对比。故事最后赵国的惨败，也说明了不能只顾眼前利益，要从整体层面看待问题的道理。

不翼而飞

名师导读

王稽的政绩不错，但是最后却因为御下不得法而失去军心，导致了一场叛乱，过程如何呢？

战国时期担任河东太守的王稽政绩不坏，颇有口碑。秦昭王认为他很有才干，于是命他率三十万秦军攻打赵国。

王稽指挥骁勇的秦军一路势如破竹，直逼赵国都城邯郸，不料遇到赵军殊死顽强的抵抗，一连猛攻十七个月，邯郸城竟岿然不动，守军还愈战愈勇。

❶叙述

秦军的冬装都不到位，而且一座城池久攻不下，这将严重影响士气。

王稽无计可施，一味地亲自督阵猛攻，①秦军伤亡惨重，士气日益低落，甚至有将士私下口吐怨言。且时值严冬，秦军大部分士兵还没有冬装，在寒风中瑟瑟发抖。王稽命人在帐内燃起炭火，他身披重裘，一边饮酒，一边苦思破敌良策。可是思来想去，仍然一筹莫展，只能连声叹息。

夜里，部将庄名在营巡哨。听到士兵们在私下议论："王稽也太糊涂了，咱们打了胜仗，他不犒赏，城攻不下来却要受罚，这样下去咱们不如把他杀了，也许还有条活路呢。"

庄将军听了士兵的议论大吃一惊，匆匆忙忙来到军帐，对王稽说："我军久攻邯郸不克，以将军分析，是什么原因？"

❷语言描写

王稽不能认识到自己军队的问题，只认为是敌方太强。

②王稽不假思索地说："邯郸城池坚固，守军顽强，我们当然不能很快取胜。"

庄说："事情并不尽然，赵军顽强是一方面，我军士气不振，怎能战胜敌军呢？"

王稽有些不高兴地问："以你之见，应该怎么办？"

庄说："将军应犒赏三军，只要我军英勇攻城，不愁邯郸不破。"

王稽说："我是统军大将，只知道忠于秦王，当兵的就应该打仗，我管不了那么多，你就不必费心了。"

庄说："将军的看法也不完全正确，就是儿子对于父亲的要求，有的能够做到，有的也做不到呀。假如父亲要求儿子将妻妾卖掉，儿子虽心中不愿意，但仍然能满足父亲的要求。可是，父亲如果要儿子不许想念妻妾，您说，儿子能办到吗？将军深受秦王信任，据我看，感情不会超过父子……"

①王稽冷冷地打断庄的话，问："你这是什么意思？"

❶语言描写

表现出王稽对庄的话的不认同和不以为意。

庄说："兵士虽然卑微，但毕竟也是人呀，是人就有感情，他们对您很不满。您应该知道，如接连三个人都说虎来了，人们便会信以为真。如果十个人合力压一个木锥，木锥一定会弯曲。又如众人都坚持一个说法，要求你改变作风，那么这个说法不用长翅膀也会飞得很远（不翼而飞）。将士一旦齐心，力量会很大的。所以，还是犒赏一下他们，结果会好些，请将军三思。"

②王稽并没有认真考虑庄的话，更没有认识到局面的严峻而依然我行我素。秦军士气低落，怨气激化成怒气，终于发生了叛乱。王稽无力约束，秦兵溃不成军，秦昭王盛怒之下命人斩了王稽。

❷叙述

王稽不听庄的劝告，最后引发了叛乱，并且丢了性命。

精华赏析

　　王稽作战没有谋略，一心只想着打仗，并没有注意到其他可能会影响战争的小事。加上他不听取庄的意见，最终引发叛乱，丢了性命。

延伸思考

　　王稽失败的原因是什么？

相关评价

　　文中的王稽刚愎自用，不愿听取其他人的意见，最终酿成大祸。故事的寓意在于：努力的同时，不能忽视了细节，在自身苦思无果后，要学会听取他人意见。

长袖善舞

名师导读

范雎在面对秦昭王的时候小心翼翼，说明他没有底气，所以在面对蔡泽的提议时，他才会心动，那么，蔡泽提出了什么意见呢？

一日，秦昭王当着文武百官的面，满脸愁容地连声叹气，一副不胜忧虑的神情。

①范雎走近前，小心翼翼，还有些恐惧地问："臣听说'君主的忧虑是做臣子的耻辱，而君主的耻辱则是臣子的死罪'，大王，什么事让您如此忧虑？那都是臣下的罪过，您能告诉为臣吗？"

昭王说："我听说楚国的宝剑十分锋利，而艺人在宫中则受到冷落。宝剑锋利，说明将士英勇；艺人冷落则意味楚王思虑深远。楚王如此深谋远虑，而又重视勇士，我担心他要对秦国不利呀！秦国军马缺乏训练，很难应付突然变故，大将白起又死了，内无良将，外有强敌，你让我如何不愁？"

昭王的意思是激励范雎亲自统兵，可范雎又不懂军事，心中又急又怕。这件事被燕国人蔡泽听说了，他立即

①语言描写
表现出范雎的谨慎，他面对秦昭王的时候十分恭敬。

注释

深谋远虑：指计划得很周密，考虑得很长远。

43

动身来到秦国。

蔡泽也是个策士，曾经四处游说诸侯，结果是到处碰壁。①他双肩高过脖子，鼻子如蝎虫，高高的个头，双膝却弯曲，总之，长相古怪而又丑陋，让人不想看第二眼。

❶外貌描写

描写了蔡泽的丑陋外貌，这也是他四处碰壁的原因。

蔡泽到了秦国立即到处扬言说："燕国人蔡泽是个雄辩多智的奇才，只要能见到秦王，一定会代替范雎成为秦国丞相。"

范雎听到蔡泽的扬言，觉得很可笑，有些鄙夷不屑地说："我精通三皇五帝的业绩，熟悉诸子百家的学说，天下人都不是我的对手，他凭什么能夺我的相位？"

范雎决定召见蔡泽，想当面考察一下蔡泽的学问。

范雎会见蔡泽时，态度十分高傲，不无讥讽地问："听说你要代替我为丞相，有这回事吗？"

蔡泽很爽快地说："有的。"

范雎饶有兴趣地问："能告诉我你的依据吗？"

❷叙述

蔡泽举例论证自己的观点，意在劝范雎功成身退。

②蔡泽首先列举了吴起、商鞅、文种等名臣的辉煌功业，最后指出这三个人虽然为楚国、秦国、越国都立了赫赫功劳，但后来都死于非命。

范雎深明蔡泽的用意在于劝他功成身退，却故意反驳说："这三个人结局不好，但不影响他们千古留名，我仍然认为他们是英雄。"

蔡泽说："被人诬害致死总不是智者的选择吧，他们本可以建功之后退隐山林，既建功立业，又保全了性命，为什么非死不可呢？"

范雎不自觉地说："他们也不愿遭杀身之祸，只不过身不由己罢了。"

读书笔记

蔡泽说："问题就在这儿，您已立下大功，以后再难有作为了，一旦失去秦王的信任，只怕结果不会比吴起等人更好。你为什么不推荐我为相，然后回家颐养天年，何必在恐惧中日夜不安呢？"

①范雎想想自身的处境，同意了蔡泽的说法，于是向秦王推荐蔡泽为相，自己称病辞官。

❶叙述
蔡泽最终达成了自己的目的。

范雎和蔡泽，是战国末期两个有名的人物，都是所谓"辩士"，就是极有口才，能言善论的说客，他们都因此取得秦王的信任。在战国时代，辩士并不少，为什么只有这两人能相继取得秦王的信任而为卿为相呢？《史记》的作者司马迁评论道："韩非子说的'长袖善舞，多钱善贾'这句话，的确是有道理啊！"——范雎和蔡泽，像舞蹈者有更美的舞衣、经商者有更多的本钱一样，他们有比别人更强的一张嘴。

精华赏析

"长袖善舞"原指人的袖子越长，跳舞越好看，现多用来比喻做事时有所需的优越条件，更容易成功。蔡泽正是因为了解了范雎的处境，所以才能以事实劝范雎功成身退，自己取而代之。

延伸思考

蔡泽是一个什么样的人？

相关评价

文章开篇对范雎的语言描写，衬托出了范雎当时的小心谨慎，也说明他底气不足。有了这个先决条件的存在，蔡泽很好地抓住了这一点，依靠范雎的举荐一跃身居高位。故事告诉我们在有真才实学的前提下，有时还需巧妙借力。

车水马龙

名师导读

马援的小女儿从小便表现出过人的领导能力，沉稳大气，因而被当时的太子刘庄看上，最后成为皇后、太后。下面来看看她传奇的一生吧！

东汉伏波将军马援奉刘秀之命率大军征讨五溪蛮时，因操劳过度，不幸病逝于军中。

①马援死后，与马援有仇的大臣窦固等人向刘秀诬奏马援贪污受贿。为此，马援的妻子在丧偶、受诬的双重打击下，精神受到严重刺激。不久，马援的长子也因病故去了，整个家庭全靠马援的小女儿来支撑维持。

当时他的小女儿只有十岁，但却是一个既有头脑又能干的孩子。她分派仆人，处理家务竟像成年人一样有条不紊。邻居与亲戚们看到她有这般才能无不称奇。三年后，年仅十三岁的她被堂兄推荐入宫，开始时侍奉光武帝刘秀的皇后殷丽华。由于这孩子沉静大方，处事稳重得体，不久便被皇太子刘庄看中了。刘庄知道她贤淑庄重，觉得自己将来即位为帝，有这样的皇后当内助，对国家一定会有好处。

②刘秀死后，刘庄继承皇位，即汉明帝，他立即封她为皇后，史书称她为"明德皇后"。马皇后一生没有生育，收养刘炟为子。母子感情相当深，后来刘炟即位为帝，历史称为汉章帝，于是，尊马皇后为皇太后。

汉章帝对母亲非常孝顺，而且还常常向马太后请示朝政大计。马太后每次都能为汉章帝提出公正可行的处理办

❶叙述

写出了这个家庭的不幸，家庭重担由小女孩来承担，她能坚持下去吗？

❷叙述

马皇后这一生十分成功，足见她做人做事很得人心。

法，但从来不为她自己家的兄弟亲戚求官请赏，做半点儿不合法纪的事情。由于这种原因，汉章帝对太后更加敬重。

按照当时的惯例，皇帝应该给太后的亲人加官晋爵，汉章帝几次提出来要这样做，都被太后拒绝了。不久，中原一带久旱不雨，有的大臣对这种天气情况进行分析后说：① "看来这气候是由于没有加封外戚（皇太后的亲戚）的缘故。"

❶语言描写
大臣强烈表示对马太后的不认可。

汉章帝听了大臣的话认为有一定的道理，便来到后宫向马太后请示，他对母亲说："大臣们都建议加封母后的亲戚，现在请太后明示，都该封哪些人，封什么爵位比较合适？"

马太后听完汉章帝的话，问他："皇帝，你为什么又提起封外戚的事情？"

汉章帝说："现在中原一带大旱，说是与不封外戚有关！"

马太后说："不要轻信那些话。你要是征求我的意见，我认为一个不封为好。"马太后看看汉章帝，语重心长地说："先帝在位时一再强调，不能让外戚职位太高，权力过大。前朝王皇后一下封她家五人为侯爵，结果导致黄雾弥漫，五天不散；还有窦太后的兄弟、侄子都官高爵显，但他们有恃无恐，不思报效国家，反而不遵法纪，败坏朝纲，为文武百官所切齿。这事情都发生不久，应该引以为戒。② 至于我家的亲戚更不用加封了，他们的生活已经十分富裕。几天前，我从家门前经过，看到车如流水一般地一辆接一辆，而来来往往不断的骏马，像一条游龙一样（车如流水，马如游龙），看门人的衣着华丽，比给我这位太后驾车的人穿得还好。他们只知道享受，怎么能再给他们封官呢？"

❷叙述
马太后对事情看得十分透彻，在她心里，一切以江山社稷为重。

汉章帝听了母亲的话，取消了自己的打算。深明大义的马太后足以"明德"垂名后世，令人景仰。

精华赏析

　　马援的小女儿在面临父亡兄死的情况下，依然能够冷静地处理家事，表现出她的能干。之后她成为皇后、太后，尽心指导汉章帝，却不会过分干政，足见她的聪慧。

延伸思考

　　明德皇后最后的那番话表现了她什么样的政治主张？

相关评价

　　本文讲述了明德皇后的传奇一生，文中每次对明德皇后的语言描写，都能让人看到明德皇后的聪慧大方。

程门立雪

名师导读

　　杨时、游酢冒着大风雪到程颐家求教，却发现程颐正在睡觉。面对这样的情景，他们是怎样做的呢？

　　①北宋时有两位著名的哲学家、教育家，他们是兄弟俩。哥哥叫程颢，字伯淳，人称明道先生；弟弟叫程颐，字正叔，人称伊川先生。兄弟二人，家居洛阳，共同创立了洛学学派，是古代理学的奠基者，世称"二程"。到南宋时，有一个叫朱熹的人，继承和发展了"二程"的理论，形成了宋代以后长期居于统治地位的一种哲学学说，即"程朱理学"。程朱理学，在现代大学哲学课程中也常常讲到。

　　程颢做过县主簿，后来任太子中允等职。程颐曾任崇政殿说书的官员，那是专门给当时的皇帝讲书说史的官职。兄弟俩都是道学家，为人持正严谨，十分讲究礼节。人们也都很尊重他们，到他们门下求学的人特别多，杨时和游酢就是其中的两位。

　　杨时从小就很聪明，什么事情都好刨根问底，而且反应机敏、口齿伶俐，长大后专心攻读经史。②有一次，胡铨到杨家做客，看到杨时伏在桌子上看书，衣袖的肘部都磨破了，就劝杨时注意休息。杨时说："我两肘不离书案达三十年，方觉学问有所长进，故而不敢稍有懈怠。"可见其治学何等用功！

　　游酢是杨时的挚友，两个人志同道合，常常就一些问

❶概述

　　对"二程"进行介绍，为下文杨时、游酢的求教作铺垫。

✎读书笔记

❷细节描写

　　体现了杨时的勤奋好学。

49

题秉烛夜谈。

杨时跟一般文士不同，他虽然考取了进士，却淡泊名利，几次放弃了做官的机会，一心致力于理学研究，渴望达到最高的境界。当时程颢住在河南颍昌，杨时经常登门求教，以学生之礼与他相处，得到了不少教益。

在杨时四十岁的时候，程颢被哲宗皇帝召为宗正寺丞，可是，还没等杨时为先生饯行，程颢就病死了。①杨时感到特别悲痛，发誓要把先生的理论发扬光大。为了掌握理学的精髓，杨时决定奔赴洛阳，拜程颐为师。游酢也不辞辛苦，与杨时结伴而行。

来到洛阳，天已经黑了，他们在一家小店住下。当晚，杨时和游酢很晚才睡，把需要请教的几个问题整理出书面提纲。第二天，他们换上整洁的衣裳，奔程颐家而去。

②路上，刮起了大风，很快又飘起了雪花。到程颐家时，正巧程颐在睡觉，杨时和游酢就恭恭敬敬地站在窗下，等候先生醒来。这时，风越刮越急，雪越下越大，他们俩冷得瑟瑟发抖，却连跺跺脚都不肯，生怕惊动了先生。那份谦恭的态度，与当年刘备三顾茅庐一样感人。

当大雪已经埋住两人的脚踝，程颐才慢慢醒来。他看到窗下的两个雪人，心里深为感动，忙把他们请进屋里。

从此，程颐倾毕生所学，教授两个弟子。杨时和游酢则勤学好问，潜心研究，后来都成了博学之士。

杨时死后，他同代的人谢应芬在一首纪念他的诗中说："卓彼文靖公，早立程门雪。"后人就用"程门立雪"这个成语，来比喻尊师好学的精神。

③故事告诉我们：要想真正学到有用的东西，没有谦虚、刻苦的精神是不行的。

❶心理描写

体现了杨时对师长的尊敬与怀念。同时为后文作铺垫。

❷环境描写

凸显了杨时和游酢坚韧的性格及对师长的尊敬。

❸叙述

以议论结尾，深化主题。说明了学习应具备的品质。

精华赏析

　　杨时、游酢拜见程颐，在门外静静地等着老师醒过来，天上下起了大雪也不动一下，直到老师醒了过来，他们才进了屋内。后来他们都成了博学之士，这件事也被作为尊重老师的典范而成为学界的佳话。

延伸思考

杨时和游酢好不容易来到程颐家，为什么要站在风雪中等候呢？

相关评价

　　文章中对杨时的尊师重道刻画得让人印象深刻，叫人不由心生敬意。文中对杨时求教的环境和尊师的行为进行描写，寓意求学需刻苦用功，更需对师长抱有真正的尊重。

乘兴而来

名师导读

大雪之夜，王徽之突然想到好友戴安道，于是决定乘船去看他。但当他到了戴安道家门前时，他没有拜访朋友就调转船头回去了。这是怎么回事呢？

❶人物描写

介绍了王徽之的身世背景，体现了王徽之随性而为、自由散漫的性格。

❷环境描写

描写了下雪的场景，烘托出王徽之愉悦的心情。

①王徽之是东晋大书法家王羲之的儿子，为人清高孤傲，不肯与世俗同流合污。传说他在朝廷做官时，从不认真处理政务，整天蓬头垢面、衣衫不整，到处游山玩水。有一次，车骑将军桓冲问他在哪个衙门办事，王徽之想了半天，也没有想清楚，含含糊糊地回答说："好像是在管马的官署吧！"

王徽之很喜欢种竹，有一回他到别人家借住，刚住下来，就让人在庭前屋后到处种上竹子。人家问他说："你不在这里长期生活，何必要自找麻烦呢？"他认真地回答说："我宁可三日无肉，不可一日无竹呀！"

后来，王徽之弃官回家，过起隐居的生活。②有一天傍晚，天空飘起鹅毛大雪，半夜时雪停天晴。王徽之一觉醒来，推开窗户一看，只见万里晴空上高挂着一轮明月，清冷的月光与皑皑白雪交相辉映，显得更加幽静。王徽之顿时诗兴大发，让家人摆下酒菜，一边欣赏月色，一边吟起诗来。正在高兴的时候，他突然想起了住在剡溪的好友戴安道，就让人连夜驾起小船，乘着兴致去看望他。戴安道与王徽之性情相似，且弹得一手好琴，朝廷的权贵武陵王曾派人召他去弹琴，他当着来人的面将琴摔碎了，说："戴安道不做王门的优伶！"戴安道与王徽之经常来往，交情非常深厚。

王徽之坐在船上，欣赏着月光下的秀丽风光，想象着与老友会面时弹琴吹箫、吟诗起舞的欢愉情景，兴致更加高涨了。①但是，第二天拂晓快要到达剡溪时，他的兴致又渐渐低落下去。小船到了戴安道家门前，王徽之无心登岸，吩咐仆人掉转船头。仆人不知他为何这样做，只好遵命。

❶行为描写
表现了王徽之的率性与脱俗。

后来，有人问王徽之，既然去看望戴安道，为什么到了他家门前又折转回来。王徽之笑着说："我本是乘兴而来，兴尽而返，何必非要去见戴安道一面呢！"

精华赏析

王徽之是一个清高、随性而脱俗的人。雪夜想到与好友共赏，于是乘兴而去，但是到后来兴致逐渐低落，到朋友家门前未进去拜访便返回了。这个故事表现了王徽之不受世俗拘束的性格，令人欣赏。

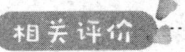
延伸思考

王徽之是个怎样的人？

相关评价

本文列举了王徽之生平的两件事例，一是在官场；二是在家隐居。对比前后王徽之的心绪变化，体现出王徽之放浪不羁的性情。文中对家乡雪夜的景物描写，表现出王徽之对田园生活的热爱。

摧枯拉朽

名师导读

　　苟且偷安也是一种生活态度，但是这种态度并不适合放在所有人身上，在军人身上，这种态度随时可能会要了他们的性命，甘卓就是因此而丢命的。

　　《庄子》中记载了一段有趣的故事：有一天，庄子在濮水边钓鱼，楚王派了两个大夫来见庄子，说："大王愿将国家交给先生您治理。"①庄子只顾钓鱼，头也不回，漫不经心地说："听说楚国有一只神龟，已经活了三千年了，大王用布帛把它裹起，藏在箱子里，供在庙堂上。你们说，就这只乌龟来说，它是宁愿为使自己的遗骨得到尊贵而死去呢？还是愿意在泥土中拖着尾巴而活下去呢？"那两个楚国的大夫回答说："活着总比死好，当然是愿意在泥土中拖着尾巴活！"于是庄子说道："那么，你们可以回去了，我宁愿拖着尾巴在泥土里活着。"

　　庄子是战国时期的大思想家、文学家，他的思想自然有着深刻的内涵，但就故事的表层意义来看，它表现了一种"好死不如赖活着"苟且偷安的活命哲学。这种哲学如果灌输到负有治国安邦职责的文官武将那里，其后果于己于国都是相当可怕的。

　　②东晋永昌元年，镇东大将军王敦擅权并终于发展到兴兵反叛朝廷，成为历史上的一件大事。晋元帝司马睿就是因此忧愤而死的。从某种意义上说，当时的安南将军、梁

①语言描写

　　庄子借故事表达自己的态度。

②叙述

　　总述事件的结果，继而引出后文对事件的详细描写。

州刺史甘卓所采取的苟安、投机政策，助长了王敦的气焰。

王敦起兵时，曾劝说甘卓共同起事，甘卓迫于王敦的淫威答应下来。到了出发那天，王敦登上战船，甘卓却没有到，只是派了一个名叫孙双的参军到武昌来，劝说王敦不要反叛。王敦故作惊讶，对孙双说：①"甘将军没有明白我上次和他谈论的意思。此番发兵，只是去清除皇帝周围的坏人，绝无他意。"孙双回禀甘卓，甘卓仍然拿不定主意。

❶语言描写
可见王敦为人阴险狡诈。

这时，湘州刺史司马承派主簿邓骞来到襄阳，动员甘卓忠于朝廷，讨伐王敦。甘卓的另一个参军李梁极力奉劝甘卓伺机而动：如果王敦取胜，他必将重用甘卓；如果王敦不胜，朝廷也会重用甘卓，让他起兵平乱。这样，无论哪一方取胜，甘卓都没有吃亏，只会得到好处，因此不能轻易兴兵决战。邓骞反驳李梁，指出如果甘卓脚踩两只船，必招祸患。邓骞分析说：王敦兵马不过万余，守卫武昌的将士不足五千；甘卓的军队两倍于敌，进军武昌定能取胜。邓骞说："逆流而上的敌人，奋力划船以保不翻船还来不及呢。将军您进军武昌就像毁灭枯草，折断烂木头一样轻而易举（溯流之众，势不自救，将军之举武昌，若摧枯拉朽）。"

读书笔记

②可是甘卓仍然犹豫不决。

❷叙述
甘卓做事犹豫，不够果断。

王敦挥师东下，见甘卓不来响应，于是派参军乐道融去襄阳，进一步劝说甘卓起兵。不料，乐道融并无反叛之意，因此见了甘卓就劝他起兵讨伐王敦。甘卓这才下了决心，调兵遣将，攻打王敦占据的石头城。

王敦知得甘卓率军前来讨伐，惊恐万状，急派甘卓的侄儿面见叔父，请求和好。都尉秦康劝说甘卓忠于朝廷，切莫姑息养奸。但是，甘卓年老多疑，优柔寡断，不听秦

注释
伺机而动：窥伺时机来采取行动。

康的正确意见，竟然回师襄阳。后来，襄阳太守周虑等人
与王敦勾结，将甘卓暗害。甘卓本来可以轻而易举地消灭
王敦，结果由于他的优柔寡断，反被王敦暗算。

精华赏析

面对王敦发出的反叛的邀请，甘卓无法做到完全拒绝，拖拖
拉拉，犹豫不决。后来下了决心，却没有坚持到最后，错失了打
败王敦的机会，最终因为优柔寡断而遭受王敦的暗算。

延伸思考

甘卓最终遭受暗算的原因是什么？

相关评价

文章举战国时期的庄子和东晋永昌元年的甘卓为例，说明在
不同的环境之下，苟且偷安的意义和结局却完全不同。这个故事
告诉我们在非常时期不能优柔寡断，不能一味求安逸，关键时刻
当断则断。

大公无私

名师导读

　　晋平公向祁黄羊征求南阳县令的人选，祁黄羊却推荐他不太喜欢的解狐，这是为什么呢？

　　①祁黄羊是春秋时晋国的大夫，是晋平公手下非常得力的谋臣，晋国的各项重大事务，如官吏任免、赋税征收、出兵征战，晋平公都要和他反复商议后才能做最后决定。

　　晋平公与祁黄羊虽是君臣，但由于相互尊重，关系非常融洽。一次，晋平公对祁黄羊说："南阳县是个十分重要的县，对于我们晋国有着特殊的作用。现在那里缺一位县令，你看派谁去既能把那里治理好，又不会让想去的人说三道四？"祁黄羊说："解狐有胆有识，行动敏捷，通达政务，我看他是最合适的人选。"

　　②晋平公听了祁黄羊的话，愣愣地看了祁黄羊好一会儿。他心里怎么也想不明白，祁黄羊怎么会推荐解狐去南阳做官。于是晋平公十分好奇地问祁黄羊："你对解狐一向没有好感，平时很少往来，现在你怎么会推荐他去南阳那么重要的地方做县令呢？"

　　祁黄羊说："大王，我十分清楚您问我的事情。您是问

❶叙述

　　对祁黄羊进行了概括介绍，交代了他为晋国做出的贡献，也说明了晋平公对他的器重。为下文作铺垫。

❷心理、语言描写

　　交代枚乘担任的职务，为下文他劝谏吴王作铺垫。

我谁做南阳县令最合适，而没有问我对谁的印象优劣。"

晋平公点头称许。于是，他下令命解狐到南阳去做县令。

解狐到了南阳，首先下令废除许多不合理的法规，公平处理诉讼。紧接着，他大兴水利，按时节督促百姓养蚕种田，动员人们广开荒地。南阳因此更加富庶繁荣，南阳县的百姓们对解狐爱戴有加。特别是南阳为国家交纳的赋税年年增长，晋平公对解狐的政绩非常满意，更满意祁黄羊举荐人才得当。

❶概述说明
介绍了无法可依的社会现状，为下文作铺垫。

①当时晋国的法律很不健全，许多地方官无法可依，便滥用职权贪污腐化，甚至草菅人命。一些豪富之人则恣意妄为，欺压善良民众。为此，经常有成群结队的人到京城告状。为了解决这些问题，朝廷急需一名法官来处理这些事情。晋平公急召祁黄羊征询他的意见。晋平公对祁黄羊说："现在朝中缺一名法官，你看谁担任比较合适？"

❷语言描写
晋平公对祁黄羊举荐自己的儿子做法官感到非常诧异，这也表现了祁黄羊的"举贤不避亲"。

祁黄羊说："祁午当法官最合适。他清正廉洁，不徇私情，执法严明。"②晋平公惊讶地说："祁午不是你的儿子吗？你推荐他做法官，难道不怕引起别人的非议吗？"

祁黄羊从容淡定地说："大王问我谁当法官合适，我考虑的也只是谁能担当起法官这个职务，而根本没有去想被推荐人与我的关系。祁午是我的儿子，我知道他会成为一名称职的法官，所以我才推荐了他。"

晋平公听取了祁黄羊的建议，任命祁午做了法官，但他总是有些放心不下，便不时派人去了解祁午在任的情况。

派去的人回来向晋平公报告说："做了法官的祁午，恪尽职守，办事公正，受到大家的一致好评。"

❸语言描写
借用孔子的话，从侧面表现了祁黄羊的大公无私，深化主题。

从此，晋平公对祁黄羊更加信任。③这件事不久传到了圣人孔子的耳中，他对人们说："祁黄羊真是大公无私呀，

注释

恣意妄为：指随心所欲，胡作非为。

荐举人才既不回避仇人，也不回避亲人。"

可见，"大公无私"多反映完全为公着想，毫无私心。

精华赏析

"大公无私"指从集体利益出发，毫无个人打算。祁黄羊将这种品质表现得淋漓尽致：他荐人才不计个人恩怨，公私分明；举贤不避亲，不畏流言。他的这种品质值得我们学习。

延伸思考

1. 祁黄羊为什么推荐自己不喜欢的人当南阳县令？
2. 晋平公为什么对祁黄羊推举祁午感到担忧？

相关评价

文中祁黄羊和晋平公的对话中，恰到好处地添加了晋平公的心理活动。晋平公从开始的惊讶、担忧到后来的满意、信任，都烘托出了祁黄羊的慧眼识人。

大喜过望

名师导读

　　黥布打了败仗后被项羽革职，刘邦知道后非常高兴，派隋何去拉拢黥布。隋何是怎样说服黥布归顺刘邦的呢？

　　"黥"是古代的一种刑罚，这种刑罚带有相当的污辱性，因为它是在被处刑罚人的脸上刺字，然后涂上黑色。受过这种黥刑的人，终身脸上都要留着这种痕迹。

❶人物介绍

介绍了黥布坎坷的经历，以及他的姓名的由来。

　　①英布在秦朝末年时，曾被处以黥刑，所以人们又叫他黥布。秦末时，农民起义风起云涌、如火如荼，继陈胜、吴广在大泽乡揭竿起义后，黥布在骊山又率三千人举行了起义。

　　当项羽在咸阳自称西楚霸王时，他封黥布为九江王。楚汉之争开始后，黥布是项羽手下非常得力的将领之一，他一直是项羽大军的先锋官。论武功，在楚军中黥布仅在项羽之下，而刘邦手下的将领没有一个人能与他匹敌。

❷心理描写

黥布对项羽革他的职很不满，为下文投奔刘邦作铺垫。

　　但是，在一次大战中，黥布被打败了。项羽不能容忍这次败仗，他马上革去了黥布的王爵，命他戴罪立功。②黥布心中非常不服气，他认为不能因为一次失败就这样对待他，便对项羽心怀不满，并逐渐与项羽离心离德。

　　刘邦在与项羽的作战中，最怕、最恨的就是黥布。当刘邦听说黥布遭项羽贬黜时，心中不禁大喜。这时，刘邦的手下隋何表示，他愿意趁此良机劝说黥布前来归顺。隋何的想法正中刘邦的下怀，他立即让隋何动身。

隋何见到黥布，对他说：^①"将军为西楚霸王立下无数战功，却不料仅仅因为打了一次败仗就被革去了王位。韩信用兵如神，出师以来攻无不克，战无不胜，将军将来难免有一天会和他相遇。如果与他交战时再吃败仗，将军到那时只怕身家性命也难保住了。我们汉王刘邦对将军非常敬重，将军为何不弃楚投汉，建功立业，将来成就一番大事呢？"

听了隋何的一番劝告，黥布心中便开始寻思这个事情，经过反复考虑，黥布决心听从隋何的劝告。

^②黥布背叛项羽了，但他怎么是项羽的对手呢？更何况黥布的手下原来也都是楚兵，现在突然自相残杀，自然十分不振。他刚与项羽交锋，便被项羽打得落花流水，只剩下一人一马。万般无奈，黥布与隋何化装成百姓，悄悄来到汉营投靠刘邦。

为了挫败黥布的傲气，刘邦耍了一个小计谋：故意在洗脚的时候召见黥布。刘邦见黥布时不仅表现得漫不经心，而且十分冷淡。当时黥布真是一肚子火，后悔自己听了隋何的话来投靠刘邦。黥布只勉强谈了几句话，便告辞出来，心中真是又羞又气，心想自己怎么落到这种地步。黥布想到了自杀，但转念又一想，自己就是死也不能死在汉王面前，还是先休息一夜，明天再另做打算。

当黥布思绪很乱的时候，刘邦的随从却恭恭敬敬地来请他，将他安排到已经为他准备好的住处。^③黥布来到住处一看，那里的房屋设施、警卫随从及饮食车马，与刘邦是一个规格，比他来之前设想过的水准要高出许多，心情豁然开朗，因而大喜过望。于是，黥布安心为刘邦争夺天下。

❶语言描写

随何能言善辩，欲说服黥布归顺刘邦。推动故事发展。

❷叙述

黥布被逼上了绝境，只好跟随何去归顺刘邦。

❸对比

刘邦给黥布的优待，与前文其冷淡的态度形成对比，表现了刘邦招贤的策略。

精华赏析

　　"大喜过望"是指结果比原来希望的还好，因而感到特别高兴。这则故事既展现了刘邦收拢人才的高明手段，也体现了黥布成才的坎坷历程。

延伸思考

　　1.黥布为什么会被项羽革职？
　　2.黥布为什么会答应归顺刘邦？

相关评价

　　本文采用了故事中惯用的对比手法。项羽对待黥布的态度和刘邦对待黥布的态度，两者形成鲜明对比，表现出了项羽和刘邦性格特征的不同。故事向人们传达了不能因为他人一次失败便将该人归为失败者的道理。

大腹便便

名师导读

边韶是一个有学问的人，当时朝廷请他出去做官，他都推辞了，甚至为了不做官，他还在朋友家躲了一段时间，那他为什么会这样呢？

东汉末年，陈留这个地方出了一位叫边韶的人。①他不仅多才多艺、学问好、文章好，而且待人和气，又非常诙谐。

边韶，字孝先，以教书为生，每日诲人不倦。若是谁劝他去做官，他便皱起眉头，将头摇来摇去，一百个不愿意。由于他育人有方，附近州县几百里的人们都仰慕他的人品和学识，纷纷将子弟送到他这里来学习。他对学生非常和蔼，从不疾言厉色。他们既是师生，又是朋友，常常在一起交流思想，关系特别融洽。人们都说他有孔夫子的风范。

边韶厌恶做官，但皇帝却几次颁发诏书，要边韶进京为官。②当时朝政由十常侍把持，他们欺上压下，许多正直的大臣都被他们杀掉了。一时间，朝廷被弄得乌烟瘴气，文武大臣们敢怒不敢言。看到朝政如此黑暗，边韶不愿被卷入政治漩涡，更不甘心在十常侍把持下的朝廷做官。所以，每次他都委婉地推辞了。不料边韶的推辞引起了地方官的不满，他们派人威胁边韶说，如果再不奉命进京做官，就要将他抓起来押送京城。边韶不愿做官，更不愿坐牢，于是便一走了之，躲到朋友家去避灾祸了。

❶人物介绍

介绍了边韶的为人，为后文作铺垫。

❷叙述

当时的官场黑暗，这是边韶不愿做官的原因之一。

注释

诲人不倦：指教导别人而不知疲倦。诲：教导，诱导；倦：厌烦。

边韶躲出去不久，朝廷又发生了大事，十常侍有恃无恐杀死了大将军何进。有一定势力的袁绍实在忍无可忍，便带兵进宫，杀了十常侍。大患已除，朝野上下一片欢庆。文武大臣们可以安心为官，朝政也得到治理，百姓们的生活也安定了。朝廷一有变动，州县也随之而动，陈留太守也更换了新人。新官上任后，将边韶的事丢到了一边。①至于他几次推辞朝廷要他做官的事也就没有人再提起，他便悄悄回到陈留，重操旧业，以育人为乐。

❶叙述

说明边韶最喜欢的还是以教书为业。

人们听说边韶又回到家乡，便纷纷来宴请他，为他接风洗尘。今天王家找，明天李家邀，后天又是张家请，赵家一时排不上，心里就有些不痛快。但边韶会劝慰人，几句话就让赵家的人乐呵呵地等着，而且酒饭准备得比任何一家都好。边韶身材肥胖，肚子特别大，于是，他每天挺着大肚子，出东家进西家四处赴宴，所到之处都是笑声一片。

读书笔记

这一天，终于轮到了赵家宴请他，好酒好菜，边韶不禁多喝了几杯。这一多喝可不要紧，他回到家睡了整整一夜，酒劲也没过去。

第二天，他倦意犹存，刚为学生们讲了几句《论语》，便支撑不住了。大白天，他回到房中和衣而卧。

❷细节描写

弟子们见到了边韶与平时不同的一面，于是在一边嬉笑。

②众弟子见边韶双手抚着大肚皮，仰面大睡，很舒畅地打着鼾声，大肚皮随着鼾声起起伏伏，觉得十分可乐，有个调皮的学生编了几句顺口溜来嘲笑边韶，他们唱道："边孝先，腹便便，懒读书，但欲眠。"

边韶听了弟子们的顺口溜，也顺口开了个玩笑，他吟道："边为姓，孝为字。腹便便，五经笥。但欲眠，思经事。寐与周公通梦，静与孔子同意，师而可嘲，出何典记？"他以幽默的口气批评弟子们，弟子们更加尊重边韶。

精华赏析

边韶是一个以教书为乐的人，他不喜做官，只喜欢教育孩子们。有一次孩子们在他酒醉睡觉的时候取笑他，他不仅不生气，反而引用典故教育他们，表现出他为人师表堪称表率的一面。

延伸思考

边韶为什么不愿做官？

相关评价

文章讲述的是边韶的生平故事，整体风格轻松诙谐，全文叙述下来结构清晰，让人一目明了。文章结尾处的顺口溜风趣幽默，既表现出了边韶的好学问，也表现出了他的为人。

打草惊蛇

名师导读

　　百姓状告主簿贪污受贿，这让县官王鲁感到不安，因为这些都是他授意的，那么，他会如何做呢？

　　南唐时，当涂有个县令，叫王鲁。他爱财如命，利用自己掌握一方人、财、物大权的方便，敲诈勒索，贪污受贿，大肆搜刮民财，是当地有名的贪官，但他这个人阴险狡诈，做事十分隐蔽，一般老百姓都不了解内情。

　　①县衙里的其他官吏也都上行下效，对百姓敲骨吸髓，无恶不作。全县百姓对他们恨之入骨。

　　一天县衙主簿指使几个小吏敲着锣满街乱喊，征收苛捐杂税。当时正是青黄不接的季节，百姓们连锅都揭不开了，哪还有钱交税？他们实在忍受不下去了，就联名写了份状子，向县令王鲁状告主簿贪污受贿的罪行。

　　王鲁坐在大堂上，让衙役接过状子，摆出一副"父母官"的样子传话说："本官一定为百姓做主。"

　　可是等他拿到手中一看，不由得吓出了一身冷汗。因为状子上写的那些违法贪污事情，几乎没有一件与他无关，有些就是他支使下属干的。于是他又急忙传话说："此案案情复杂，待本官调查核实后再开庭审理。你们先回去吧！"

　　②王鲁预感到要大祸临头，急得在书案前转来转去，心想：如果受理此案，往深一查，自己就露馅了。不行，我一定要压下此案，绝不能让上司知道。于是他提起笔，不

❶叙述

　　说明当时的社会风气不好，这些贪官引起了百姓的愤怒，结果会如何呢？为后文埋下伏笔。

❷心理描写

　　王鲁知道自己的事情可能会败露，那他会怎么做呢？引出后文。

由自主地在案卷上批了八个字：①汝虽打草，吾已惊蛇。意思是说：你们虽然告的是我的属下主簿，可是我已经感觉到事态的严重了，就像打草的时候惊动了草地里的蛇一样。

王鲁暗地里压下案卷，并召集属下筹划防范的措施。

然而，这样的话写在案卷上，不是"此地无银三百两"吗？后来上司根据这个线索查清了案情，把这批贪官全都绳之以法，为百姓除了祸害。

❶比喻
将自身比喻成受惊之蛇，可见心思警惕。

精华赏析

"打草惊蛇"的意思是打草惊了草里的蛇。原比喻惩罚了甲而使乙有所警觉，后多比喻做法不谨慎，反使对方有所戒备。王鲁指使下面的官吏对百姓进行敲诈勒索，百姓状告官吏，这也让王鲁感到了事态的严重性，不过，他最后的处理方式却断送了自己。

延伸思考

1. 王鲁是一个什么样的县官？
2. 百姓状告主簿的事件起到了什么作用？

相关评价

本文开头一连串的形容词，衬托出县内百姓处在水深火热的环境之中，为下文百姓们的表现埋下伏笔。结尾贪官最终被绳之以法，弘扬了法网恢恢疏而不漏的正气。故事情节清晰，寓意明了。

待价而沽

名师导读

　　孔子四处推行自己的政治理想，却不得诸侯重用，尽管他做了很多努力，却没有什么成效，他对此持有什么态度呢？

❶叙述

表现出孔子的忧民思想，他希望社会是和谐的，不想看到四处打仗的场面。

❷叙述

孔子为了实现自己的政治抱负而委曲求全。

　　孔子是春秋时期的一个大学问家。那时，周王朝已衰落，各个诸侯国自行其是，互相之间经常打仗，传统的礼仪道德遭到破坏。①孔子一心想建立一个统一安定、秩序井然的社会，为了实现这个理想，他到处奔走，向各个诸侯游说，希望能得到重用，一展他的政治抱负。可是，诸侯们一心想扩大自己的势力，建立霸权，没有人对他的主张感兴趣。

　　一次，他来到齐国，向齐景公宣传他的政治主张，没想到却遭到齐国著名的宰相晏婴的激烈反对。甚至有人扬言要暗杀他，吓得他饭都来不及吃，拎着刚淘的米仓促逃走。

　　后来，他又来到卫国。卫灵公很仰慕孔子的学问，给了他优厚的待遇，可是却不重用他。孔子很焦急，为了使卫灵公能接受他的主张，他甚至屈尊去见卫灵公的宠妃南子。南子是个风骚骄横的女人，在卫国名声很臭，孔子平时对她是避之唯恐不及，②但为了实现自己的政治抱负，他不得不委曲求全。但南子这条路也没走通。

　　在卫国空耗了四年后，孔子决定去投奔晋国的赵简子。当他带着学生风尘仆仆赶到黄河边时，听说赵简子把曾帮助过自己的窦鸣犊、舜华两位贤人杀了。孔子仰天长叹道：① "天下无道啊！这壮丽的黄河，我却不能渡过去，这是命啊！"

❶语言描写
表达心中的悲愤和无奈。

虽然多次碰壁，但孔子并不灰心，还在不断地寻找机会。一天，他又在思考去向哪个诸侯国游说的事，他的弟子子贡来向他请教。子贡说："假如我有一块美玉，是把它藏在柜子里，还是找一个识货的商人把它卖掉呢？"孔子情不自禁地说："卖掉它！卖掉它！我就正在待价而沽。"

精华赏析

孔子的政治思想得不到诸侯的重视，他为此感到苦恼，但是却从没有放弃过。他坚持自己的主张，为了推行自己的主张，受点委屈他也可以接受。表现出他对自己理想的执着，这种精神值得我们学习。

延伸思考

1. 这篇文章中，表现了孔子什么样的做人观念？
2. 解释一下"待价而沽"在这篇文章中的含义。

相关评价

本文叙事清晰，以孔圣人的事迹为例，讲述孔圣人想要一展抱负，却处处碰壁的故事。当孔子满心颓然时，情节就此出现转折，结尾的对话更是发人深省，向大家传达出不要急于一时，静待时机的道理。

得心应手

名师导读

　　齐桓公读书吵到了工匠轮扁，轮扁去找齐桓公，并表示齐桓公读的书都是糟粕，他为什么这样说呢？

　　相传在春秋时代的齐国，一天，齐桓公正在堂上读书，琅琅的书声不断地传下堂来。蹲在那里忙于制作车轮的工匠轮扁听得有点烦心，就撂下手中的锥子和凿子，走上来问道：

❶ "请问您读的是什么书？"

　　齐桓公见他冒冒失失的样子，心里不大痛快，但还是回答说："我读的都是圣人的书。"

　　"那圣人还在吗？"

　　"当然早已死了。"

　　"哦，人已经死了，那么您所读的，都是古人遗留下来的糟粕啰！"

　　齐桓公听他这样唐突自己，不由地勃然变了脸色，说：

　　"寡人在这里读书，你一个工匠怎么可以随便议论？❷ 我问你：为什么古人遗留下来的话都是糟粕？今天你讲出道理便罢，要是讲不出道理，我就立即把你处死！"

　　轮扁举起手来摸了一下胡子，不慌不忙地说道：

　　"大王息怒。臣不过是根据自己制作车轮的手艺谈一点粗浅的想法罢了，譬如用斧子削木做榫头，削得小了一

---

❶ 对话描写
　　表现出工匠简单直接的性格特色。

❷ 语言描写
　　表现出齐桓公的愤怒态度。

点，放进卯眼就会松滑而不牢固；削得大了一点，就会滞涩而装不进去。只有不大不小、不宽不紧，才能互相吻合，牢不可动。这种技术，得心应手，口里说不出来，但自有奥妙存在其间。我不能用话语传授给儿子，儿子也无法继承我的手艺，所以我到了七十岁还在靠制作车轮混口饭吃。①古代圣人的学问中那些精妙独到的东西是无法用话语来传授给别人的，必然随着他们的死去而消失，那么您现在所读的，不是古人无用的糟粕又是什么呢？"

❶语言描写··········
　　表达了轮扁对书中内容的见解，与常人不同，但是却又不能说他说的完全没有道理。

　　齐桓公听了，感到轮扁讲得也有一定道理，就没治他的唐突之罪。

精华赏析

　　"得心应手"谓心手相应，运用自如，多形容技艺纯熟。轮扁是一个制作车轮的工匠，手艺十分娴熟，他用自己制作车轮的事实来论证，希望向齐桓公证明他读的所谓的圣人的书都是糟粕。表现出轮扁不畏权势，敢于表达自己的想法。

延伸思考

1. 轮扁是一个什么样的人？
2. 齐桓公是一个什么样的人？

相关评价

　　本文以齐桓公和工匠轮扁的对话描写，来推动故事情节的发展，读来生动而富有趣味。通过两人身份和想法上的对比，展现出两个角度不同的观点，说明了看待事物应该学会转换角度的道理。

东窗事发

名师导读

　　岳飞是南宋时期杰出的军事家、战略家，是抗金名将。奸臣秦桧为了达到与金兵议和的目的，竟然想方设法地要害死岳飞……

❶人物描写

介绍了秦桧的狡诈、专横，总领全文。

❷叙述

秦桧利用宋高宗性格上的弱点来达到自己的目的，表现了他的狡诈。

❸语言描写

王氏想方设法诬陷岳飞，体现了她的卑鄙无耻。同时为后文作铺垫。

　　秦桧是南宋时期臭名昭著的奸臣，他老奸巨猾、心狠手辣，①谁要是和他有不同意见，他就会捏造一个罪名，轻则将其逮捕下狱，重则杀头处死，被他陷害的忠臣良将不知有多少，抗金英雄岳飞就是被他用"莫须有"的罪名害死的。

　　南宋时期，宋王朝渐渐衰落，金朝的金兀术趁机率军向中原大举进攻，侵占了宋朝不少地盘。在这危难的时刻，岳飞率领岳家军对金兵进行了顽强的抵抗。岳飞英勇善战，打了好几次胜仗，有一次差点儿活捉金兀术。可是秦桧不同意抵抗金兵，而主张议和。②他抓住宋高宗懦弱胆小、优柔寡断的弱点，竭力宣扬议和的好处。宋高宗同意了，可是许多大臣和将领都不同意，岳飞就多次上书，要求停止议和、抵抗金兵。秦桧要想议和，就得把岳飞除掉。可是岳飞在老百姓中威望很高，手中又握有兵权，怎样才能把他除掉呢？

　　这天，秦桧坐在东窗下，正为无法除掉岳飞发愁。夫人王氏走进来，对他说："这有何难，你找几个罪名安在岳飞头上不就行了？"秦桧说："罪名不难找，难找的是告发岳飞的人，这个人一定要是岳飞的部下才能使天下信服。"③王氏想了想，说："我听说岳飞手下的都统制王俊，在一次战斗中因为胆小怕死，岳飞要将他斩首示众，后经众将求情才免他一死。他肯定怀恨在心，你何不让他告发呢？"秦桧一听不禁大喜，称赞道："还是夫人高见。"两人又将陷害岳飞的各个细节密谋一番。

秦桧派人找到王俊，要他诬告岳飞"谋反"。王俊不愿意，秦桧一伙就严刑拷打他，并以杀他全家相威胁，王俊只好屈从了。

秦桧最终如愿把岳飞杀了。

后来，秦桧病死了。他死后七日，王氏请来道士为他做道场，超度他的亡灵。①道士恨秦桧杀死了忠良，就装模作样做一会儿法事，然后对王氏说，他看见秦桧正在地狱里受苦，阎王和小鬼正在拷问他。道士说："秦大人对我说，'麻烦你告诉我的夫人，东窗事发了'。"

❶侧面描写

表现了人们对岳飞的爱戴和对秦桧的憎恶，形成了鲜明的对比。

精华赏析

"东窗事发"比喻阴谋已败露。秦桧设计诬陷岳飞，残杀忠良，道士的话表明了人们对秦桧的憎恶。这个故事告诉我们，做了坏事总有一天会露出马脚，会受到相应的惩罚。

延伸思考

1. 秦桧为什么要除掉岳飞？
2. 秦桧设了什么诡计害死岳飞？

相关评价

文章前篇交代历史背景，叙述秦桧痛恨岳飞的原因。文中对秦桧的语言描写生动传神，很好地刻画出了秦桧的性格特征。结尾道士的话说明岳飞深得人心，反观奸臣死后也会被人痛恨。

对牛弹琴

名师导读

牟融用儒家经典阐述佛经里的道理，儒家学者却有异议，于是牟融便讲了个"对牛弹琴"的故事来说服他们……

东汉末年，有个叫牟融的学者，他对佛经有很深的研究，但是当他给儒家学者宣讲佛义时，却总是用儒家的《论语》《尚书》等经典来阐述道理，而不直接用佛经来回答。儒家学者对他的这种做法表示异议，牟融心平气和地回答：

❶语言描写

儒家学者对佛经不熟悉，牟融便巧妙地用儒家经典讲佛义，体现了他的聪明睿智。

① "我知道你们都熟悉儒家经典，而对佛经却是陌生的，如果我引用佛经来给你们做解释，不等于白讲了吗？"

接着，牟融向他们讲了"对牛弹琴"的故事，进一步证明了自己的观点：

春秋时期有一位大音乐家叫公明仪，他在音乐上有很高的造诣，弹得一手好琴，优美的琴声使人如临其境。

❷景物描写

以景衬人，体现出公明仪当时的大好心情。

② 有一天，风和日丽，他漫步郊野，只见在一片葱绿的草地上，有一头牛正在低头吃草。这清静怡人的氛围激起了音乐家为牛弹奏一曲的欲望。

他首先弹奏了一曲高深的《清角之操》，尽管他弹得非常认真，琴声也优美极了，可是那头牛却依然如故，只顾低头吃草，根本不理会这悠扬的琴声。

公明仪先是很生气，在他静静观察思索后，明白了那头牛并不是听不见琴声，而是实在听不懂曲调高雅的《清角之操》。

于是，公明仪重弹了一曲通俗的乐曲，①那头牛听到好像蚊子、牛蝇、小牛叫声的琴声后，停止了吃草，摆动着尾巴竖起耳朵，好像很专心地听着。

牟融讲完故事，接着说：

"我用儒家经典来解释佛义，也正是这个道理。"

儒家学者听了他的解释，完全信服了。

❶动作描写

将牛的姿态描写得生动传神，说明牛前后出现的变化。

精华赏析

牟融为了儒家学者能够明白佛经里的道理，借用儒家经典来讲佛义却不被别人接受，后来他讲了"对牛弹琴"的故事说服了那些人。

延伸思考

1. 牟融为什么要用儒家经典阐述佛经里的道理？

2. 为什么公明仪第二次弹琴时牛有了反应？

相关评价

文中以"对牛弹琴"为例，描述牟融面对儒家学者时的灵活变通。故事的主旨告诉我们说话处事方式的重要性，面对不同的对象，需要恰到好处的改变应对方式。

多多益善

名师导读

"多多益善"是越多越好的意思，出自《史记·淮阴侯列传》。这个成语出自一个关于淮阴侯韩信的故事，让我们一起看看吧！

韩信是汉高祖刘邦的大将，和萧何、张良并称为"汉兴三杰"。

❶叙述

刘邦不信任韩信，设法逮捕他。为下文作铺垫。

①可是刘邦对于韩信并不信任，韩信对刘邦也颇有不满。刘邦做了皇帝以后，先把韩信的大将身份和兵权解除，改封为"楚王"。接着，又说韩信阴谋叛乱，准备逮捕他。刘邦采用谋士陈平的计策，假称游览云梦（沼泽名，楚之名胜，在今湖北省境内），并通知各诸侯在陈地相会，想借此袭击韩信。韩信知道了，很是着急，他既不敢见刘邦，又不敢公开反抗，不知如何是好。这时，项羽的旧部有一个名叫钟离眜的，是韩信的老朋友，住在韩信的家里，刘邦却正在捉拿他。有人便向韩信建议：杀了钟离眜，带着他的头去见刘邦，就可以没有事了。②韩信为了自身的安全，果然牺牲了朋友。可是，韩信一见刘邦，仍被立即逮捕，押解进京城去了。刘邦也不游云梦了。回到京城洛阳以后，刘邦知道韩信并没有谋反，于是宣布大赦，韩信被赦免罪，但降封为"淮阴侯"。

❷叙述

这表现了韩信的自私，但他真的能躲过一劫吗？

由于这段故事，"伪游云梦"被后人用来比喻设计捉人。

据《史记·淮阴侯列传》记载，有一次，刘邦曾问韩信："依你看来，像我这样的人能带多少人马？"韩信答道："陛下可以带十万人马。"刘邦问道："那么你呢？"韩信不客气地说："臣多多而益善耳（我越多越好）！"刘邦于是笑道："你既然如此善于带兵，怎么被我逮住了呢？"①韩信沉吟半晌才说："您虽然带兵不如我，可是您有管将的能力啊。"

由于这段故事，后来人们形容越多越好就叫作"多多益善"，也叫作"韩信将兵，多多益善"。有时只说"韩信将兵"，人们也能理解它就是"多多益善"的意思。

精华赏析

"多多益善"形容一样东西或人等越多越好，常与"韩信将兵"连用。这则故事向我们展现了韩信的自私、有谋略、机敏等多种品质。因此，我们要全面看待这一人物。

延伸思考

1. 刘邦一开始为什么要打斥韩信？
2. 生活中是不是所有方面都"多多益善"？你如何看？

相关评价

文章叙述了刘邦和韩信的故事，从刘邦的善用人才，到韩信的足智多谋，两者各有性格特色。文中对韩信心理和行为的描写，很好地衬托出了韩信足智多谋又自私的一面。

尔虞我诈

名师导读

　　楚宋两国交战，双方都缺粮食，但是都不愿意妥协。后来宋国大将华元想到了一个让楚国退兵的计策，那是什么计策呢？

❶背景概述……
　　烘托了紧张的战争气氛。

　　①春秋时期，强大的楚国攻打弱小的宋国，把宋国的都城包围了起来。宋国的将士坚守城池，决不投降。

　　几个月之后，宋国粮食吃光了，百姓到了易子而食的悲惨境地。而外面的楚军由于长期围困，不仅将士疲乏，粮食也十分紧张，因此楚庄王准备退兵。这时一个谋士献计说：叫士兵们盖房子、种地，装成长期住下去的样子，这样，宋国一害怕就会投降了。

❷动作、语言描写……
　　华元威逼子反签下盟约，体现了他有勇有谋的特点。

　　于是，楚军开始造房子、种庄稼。宋国军士见了非常惊慌。大将华元鼓舞大家宁肯饿死也不投降。②一天夜里，华元一个人偷偷出城，摸进楚营，潜入楚军统帅子反的帐中。他对子反说道："我们的粮食已经吃光了，现在老百姓都易子而食，但是我们宁愿去死也不投降。如果你们退兵三十里，我们就和你们订立盟约。"

　　子反惊惧，在华元的逼迫下同意退兵，并报告楚庄王。楚庄王同意讲和，于是双方订了盟约，楚国退兵。盟约上写道："我不欺骗你，你也不要欺骗我（我无尔诈，尔无我虞）。"

精华赏析

　　宋国被楚国长时间包围后没有粮食，但是又不愿意投降。大将华元深夜偷进楚营，威逼子反签下盟约，楚国答应退兵，体现了元华的机智与勇敢。"尔虞我诈"比喻互相欺骗，互相不信任。

延伸思考

1. 楚国想到了一个什么方法让宋国投降？
2. 华元夜访楚营做什么？

相关评价

　　文中对华元的动作和语言描写得朴素直白，却能很好地表现出华元的果敢。全文叙述简单明确，让人一目了然，表现出两国紧张氛围的同时，又刻画出了一名良将英勇机智的形象。

F

防民之口，甚于防川

名师导读

"防民之口，甚于防川"，指不让人民说话，必有大害。残暴的周厉王为了不让人民说他的坏话，进行了残酷的统治。结果怎样呢？

❶叙述

介绍了周厉王的残暴，为下文写他的暴行作铺垫。

①周厉王是西周时期的一个暴君，他独断专横、残忍凶狠，谁稍不如他的意，不是遭受酷刑，落得终身残疾；就是被流放到穷乡僻壤，弄得妻离子散。老百姓恨透了他，大家凑到一起咒骂他的暴行，不满的情绪四处蔓延。

有一个大臣叫召虎，见老百姓对周厉王越来越不满，很是忧虑，担心这样下去终将酿成大乱，就劝周厉王说："大王，你这样做实在太过分了，老百姓快受不了了，到处都在议论你。"

周厉王一听，拍着桌子吼道："谁敢议论我，立即处死。"

❷概述

交代了周厉王的残暴统治，烘托出紧张的气氛。

为了防止老百姓说自己的坏话，周厉王从卫国找来了一个巫师，让他整天在街上转悠，听到谁说自己的坏话就立即来报告。②不知有多少人因为说了对周厉王不满的话被送上了断头台。这样一来，老百姓都不敢议论国君了，甚至连在一起讲话也不敢了，怕被误认为在议论朝政而做冤死鬼。两个熟人在街上偶尔遇见，只能互相递个眼色，擦肩而过，谁也不敢张口。从此，再也没有怨恨之声传到周厉王耳朵里。周厉王高兴极了，觉得自己的办法真灵，得意扬扬地对召虎说："你看，我能禁止百姓议论我，现在没人敢说我的坏话了吧！"

　　①召虎叹了口气，说："你这是用堵的办法呀！阻止人们进行评论的危害，比堵塞河川引起的水患还要严重（防民之口，甚于防川）。治理河流的办法是疏导，治理国家的办法是让老百姓说话。因此，古代圣贤的君主为政时，总要让公卿大臣甚至士大夫发表自己的意见，还要广开言路，让天下百姓都有议论政治的机会。老百姓嘴里讲的都是心里所想的话，怎么可以不让他们说出来呢？"

　　可是周厉王根本听不进召虎的劝导，变本加厉地镇压百姓。三年后，他终于激起民愤，被流放到国外去了。

❶语言描写

　　召虎把治理国家与疏导河流相类比，说明了广开言路的重要性。

精华赏析

　　"防民之口，甚于防川"，指不让人民说话，必有大害。周厉王不顾召虎的劝告，以残暴手段镇压讲真话的百姓，最终落得被流放的下场，这是他咎由自取。这个故事也反映了召虎的睿智。

延伸思考

　　1. 周厉王是如何制止百姓的议论的？
　　2. 你如何评价周厉王？

相关评价

　　本文前半段对周厉王的暴君形象描述得简练有力，简单一句语言描写便将周厉王的残暴刻画得清晰入目。后半段通过对百姓的描写，进一步体现出了周厉王的暴政。

防微杜渐

名师导读

汉朝窦氏掌握军政大权，严重威胁皇权。忠臣畏于权势，敢怒不敢言。侍中丁鸿却连夜上奏，向皇帝分析了事情的严重性……

前文讲了汉章帝之母马太后，贤德廉明，深识大体。这则故事则与马太后的儿媳——窦太后有关。

窦太后是汉章帝刘炟的皇后，是汉和帝的嫡母。①汉和帝即位之初，窦太后独揽朝廷的军政大权：她让她的哥哥窦宪任大将军，掌握全国的兵权，又让窦氏子弟分别担任重要职务，几乎控制了朝廷所有的要害部门。

外戚权力过大造成的危害，自汉朝建立以来一直没有断绝过。外戚权力一大，势必就要严重威胁到皇权，不利于国家中央集权统治。西汉初年，吕后专权，汉室的天下几乎就被吕后的子侄们所篡夺。

有见识的大臣看到窦太后要步吕后的后尘，都不愿看到这幕悲剧重演，便经常聚到一起商讨改变这一局面的办法。②由于窦太后和她的亲属们权倾天下，所以哪位大臣也不敢在朝廷提出抑制外戚权力这件事。因为，一旦公开指出问题，必定遭到迫害，轻则丢官，重则丧命，搞不好还会殃及一大批官员及其家属。

侍中丁鸿是个非常有学问而又富有正义感的人。他博览经史，深明大义，很受汉和帝的器重。他觉得自己作为

①概述

窦氏将国家的军政大权都掌握在自己手里，为下文作铺垫。

②承上启下

大臣们每天讨论，但还是没有结果，这为丁鸿写奏章埋下伏笔。

朝中大臣，不能任由这种危险情况发展到不可收拾的地步，于是决定上书皇帝，剖析问题的严重性。

①丁鸿连夜草拟奏章，他在写给汉和帝的密奏中，为了国家利益直言不讳地写道：

"陛下，从古至今，太阳是帝王的象征，月亮则代表大臣。现在我朝已出现了日食，它是在提醒陛下应小心谨慎。日食意味着臣子的权力过大，这已构成对皇权的威胁。②《春秋》的年表上，记录日食出现过三十六次，这期间有三十二个君主被臣下所害，看来事情绝非偶然。君主对臣子过于放纵，会导致大臣犯上作乱，问题非常严重。"接着，奏章又换了一种方式，十分形象地写道：

"涓涓细流，汇成洪水，将冲决山崖，毁伤林木；丝丝弱枝，长成大树，会遮天蔽日。世间万物都是由小到大，由隐而显的。人们往往忽视看来细小、琐碎的事情，任其发展而成大患。目前，大将军窦宪倚仗着太后的势力，专揽朝政、破坏纲纪、盘剥地方、草菅人命，使全国上下臣不敢言、民不聊生，地方上盗贼四起，朝廷上窦氏满门。他们甚至连皇上也不放在眼里，只认汉室天下是窦氏天下了。长此下去，后果堪忧！皇上此时应亲揽朝政，将国家社稷放在心上，防止微小的事情酿成大患，杜绝严重威胁于萌芽状态（防微杜渐）。"③丁鸿草拟出密奏，誊写清楚。这一天，他悄悄溜进后宫，将密奏呈给了汉和帝。

汉和帝读了丁鸿的密奏，不禁大吃一惊，方知事情已到了如此地步，立即采纳丁鸿的意见，免去窦宪的大将军之职，着手理顺朝政，削弱窦氏的势力。不久，国势便有了好转。

❶行为描写

体现了丁鸿的正直、谨慎和勇敢。

❷叙述

借鉴历史的惨痛教训，密奏劝诫皇帝不要重蹈覆辙，要增强危机感。

❸行为描写

丁鸿巧妙地将奏折呈递给皇上，表现了他的机智、聪明与谨慎。

精华赏析

　　"防微杜渐"比喻在坏事情、坏思想萌芽的时候就加以制止，不让它发展。侍中丁鸿劝诫皇上亲揽朝政，以免外戚专权对国家社稷造成不好的影响，表现了丁鸿的忠心与不畏权势。

延伸思考

　　1. 群臣对窦氏一族不满，却不敢正面指出，这是为什么呢？
　　2. 丁鸿为什么要连夜写奏章？
　　3. 丁鸿是如何劝诫皇上的？

相关评价

　　本文为表达"防微杜渐"的道理，以窦氏霍乱朝纲为例，讲述丁鸿冒死上书的故事。文中通过对丁鸿的语言描写将人物刻画得入木三分，一名忠心耿耿、不畏权势的忠臣形象跃然纸上。

风马牛不相及

名师导读

　　齐国为遏制楚国扩张，联合其他国家去攻打楚国。面对联军的威胁，楚国该如何应对呢？

　　①楚成王在即位后发奋图强，使楚国迅速强大并崛起于南方，并且从长江以南向中原地区扩张，严重威胁到中原各诸侯国的安全。

❶背景概述
　　烘托出战争即将爆发的紧张气氛。

　　公元前 656 年春，当时齐桓公是中原的霸主，为了遏制楚国向北发展势力，便联合宋国、鲁国、卫国、郑国等军队一举挫败楚国盟国蔡国的抵抗，直逼楚国边境。

　　楚成王见联合大军就要长驱直入，认为齐国这次是师出无名，毫无止当理由对楚国进行军事威胁，当即派出使者来到联军驻地。使者当面指责齐桓公说："贵国地处北方，我国远在南方，即使牛马发情互相追逐，也绝不会跑到对方的国土上去（君处北海，寡人处南海，唯是风马牛不相及也）。没有想到您会跑到我们这里来，不知是什么原因，能解释一下吗？"齐国宰相管仲听了楚国使者的问话，解释说：②"想当年邵康公代表周天子命令我国的先君姜太公说：'五等诸侯与九州长官，你都有权征讨他们，以便辅佐周王室'。邵康公还给了我们先君征讨的范围：东

❷语言描写
　　管仲振振有词，楚国使者无言以对，体现了管仲的能言善辩。

注释

长驱直入：迅速向很远的目的地前进。形容进军迅猛顺利。

到大海，西边到黄河，南到穆陵，北到无棣。你们楚国该进贡的裹束的青茅没能及时送到，以致天子祭祀祖先时所用的贡酒没有办法过滤，我们是来询问此事的。"楚国使者听了管仲的话，一时无言以对。管仲又接着说："还有，周昭王南巡来到汉水，时至今日竟一去不复返。汉水在你们楚国领土之内，周昭王哪里去了？你们本应有保护他的义务，这又是怎么回事？"

楚国使者见管仲步步紧逼，便不卑不亢地说："贡物送达不及时，由我们楚国负责。至于周昭王在我们楚国失踪的问题，那就请您派人到汉水边找人打听去好啦！"

管仲听了楚国使者的问答，知道他不得要领，便又对他说：① "你现在回去对楚成王说，我们齐国出兵是有理有据的，你替楚成王说的这些话我们非常不满意。请你告诉楚成王，让他率领楚军准备迎战好了！"

❶语言描写
管仲认为齐国并非师出无名，暗示战争一触即发。

楚国使者未能完成使命，只好转回楚国去了。联军在齐桓公的率领下继续向前推进。他们一路所向披靡，无所阻挡，一直进军到河南偃县境内的陉地才驻扎下来。

转眼已是夏天，花红柳绿，蜂飞蝶舞，联军攻陷城池，给养颇为充足。这样一来，楚国有些吃不消了，于是楚成王派屈完为使者赶赴联军大营谈判。这次谈判十分顺利，联军决定后撤三十五里驻扎在召陵。

谈判结束后，齐桓公邀请屈完与他同乘一辆战车检阅联军阵容。齐桓公对屈完说：② "诸侯们难道是为我而来吗？他们不过是为了继承我们先君的友好关系罢了。你们也同我们建立友好关系，怎么样？"

❷语言描写
齐桓公向屈完展示联军实力，以此威慑楚成王，使他不敢再扩张，并与之顺利结盟。

屈完听了马上说："大王有诚意与我国修好，并主动与楚国结盟，这当然是楚国最大的愿望。"由此，齐国与楚国结成了联盟。

精华赏析

"风马牛不相及"比喻事物彼此毫不相干，然而这个说法并未让管仲信服。管仲为了使联军攻楚师出有名，于是故意找了些借口。他的振振有词表现了他的能言善辩与狡猾，"欲加之罪，何患无辞？"

延伸思考

1. 齐桓公为什么要联合诸侯国攻打楚国？
2. 楚国第一个使者去谈判，结果怎样？

相关评价

文章对楚国使者和管仲的语言描写较为详细，很好地展现出了两人之间的智谋较量，管仲的机敏和果断让人不禁拍手叫好。文中穿插的一段景物描写贴合自然特色，表现出了人们对和平的美好憧憬。

风声鹤唳，草木皆兵

名师导读

苻坚胸怀大志，野心勃勃。他杀死堂兄弟登上王位后，便挥兵南侵，企图消灭东晋。面对来势汹汹的敌人，东晋会如何应对呢？

苻坚是前秦开国君主苻健的侄子。此人胸怀大志，未主国事时便广罗人才，以图大业。一个偶然的机会，苻坚听说有一个叫王猛的人，颇有谋略才干，就派谋士吕婆楼把他招来。二人一见如故，论及天下兴废大事，所见略同，十分投机，就像当年刘备遇见了诸葛亮一样。①苻坚为了实现自己的图谋，杀死残暴的堂兄弟厉王苻生后，登上了前秦君主的宝座。后来苻坚在王猛的辅佐下励精图治，前秦国力增强。

❶行为描写
体现了苻坚性格的刚毅果断。

公元 383 年，苻坚率三十万大军渡江南侵，号称百万之师，企图一举灭晋。只用几个月的时间，前秦军就像饿狼一样吞食了梁、岐一带，又虎视眈眈地想占取淮阴地区，形势非常危急。

大军压境的消息传到东晋京师建康，孝武帝急召文武百官入朝议事。

孝武帝问："诸位爱卿，前秦大军压境，国事紧急，可有退兵之计？"

②众大臣你瞧我，我瞧你，谁也不敢上前应答。

❷情景描写
国难当头，大臣们却无计可施，突出了紧张的氛围。

宰相谢安款款而出，胸有成竹地说："陛下，北敌南下，军马劳顿，水土不服，何足惧哉？依臣之见，可派谢石为大将，谢玄为先锋，率八万精兵，即可一举击退入侵之敌。"

满朝大臣听说谢安荐举谢玄做先锋，几乎个个都有意见，纷纷上前表态。中书郎郗超这时也走出队列。他与谢玄关系一向不好，众臣都以为郗超一定会表示和他们一样的看法，不料，郗超启奏道：①"陛下，下官以为谢宰相所言极是。以谢玄为先锋，必定首战告捷，大挫敌军锐气。下官曾和谢玄一起在桓温府中做事，发现他用人能做到人尽其才，即使在很小的事情上，也能够委任得当。由此推断，谢将军必能建立功勋。"

孝武帝斟酌再三，这才准奏，派大将谢石、谢玄领兵八万，北上迎敌。

②在安徽洛涧附近，晋军以逸待劳。谢玄审时度势，趁苻坚急于进攻硖石的机会，启请谢石应允，派勇将刘牢之率精兵五千夜袭前秦军营，击溃苻坚拥有二十五万人的先锋部队，杀死梁成、王显等十员大将和万余士卒，大挫了前秦军的锐气。

接着晋军水陆并进，占据有利地形。当时苻坚同他的弟弟苻融在寿阳城上眺望，望见晋军布阵齐整，将士精锐。又北望八公山，草木皆成人形，有如埋伏着千军万马（草木皆兵）。苻坚回头对苻融说："满山遍野的敌人，怎么能说晋军人少呢？"脸上顿时露出失望、恐惧之色。

苻坚内心十分恐慌，于是在淝水北岸布阵阻击晋军，使其不能渡河。这时谢玄派使者去见苻融，要求前秦军稍往后退，让出一块地方，以便晋军渡过淝水与之决战。苻融当时妄图乘晋军过河之际突然袭击，一举消灭晋军，因此接受了晋军的要求，传令退兵。

③不料一声后退令下，前秦士兵们以为前面打了败仗，就慌忙奔逃，无法止住，阵脚大乱。晋军乘机渡河追击，杀得前秦军丢盔卸甲、尸横遍野。苻融阵亡，苻坚中箭负

❶语言描写

从侧面展现了谢玄的才能，为后文其击败苻坚作铺垫。

❷概述说明

晋军大挫秦军锐气，烘托出壮观的战斗场面。表现了谢玄的指挥有方，照应前文。

❸叙述

谢玄运用心理战，乱了敌方的阵脚，然后趁机大败对手。表现了谢玄杰出的军事才能。

读书笔记

伤，率残兵败将往淮北逃窜。一路上听到风声和鹤叫，都以为是晋军追来了（风声鹤唳）。

淝水一战，前秦军几乎全军覆灭。此后不久，前秦政权就垮台了。

精华赏析

"风声鹤唳，草木皆兵"，是指把风的响声、鹤的叫声，都当作敌人的叫阵声，把草木都当成敌兵，疑心是追兵来了。这个成语将苻坚的惊慌失措展现得淋漓尽致，进一步表现了谢玄杰出的才能。

延伸思考

1. 苻坚为什么要杀掉堂兄弟？
2. 郗超为什么同意谢玄为先锋？

相关评价

故事中对人物的描写生动形象，将人物的性格特色刻画得淋漓尽致。以苻坚的惊慌失措对比谢玄的足智多谋，通过这种对比深刻表现出了该人物的才能。

负荆请罪

名师导读

赵国武将廉颇比文臣蔺相如的职位低，他很不服气，还故意羞辱蔺相如，但是蔺相如却故意避开他，这是为什么呢？

战国时期，赵国有一文一武两个得力的大臣。<u>①武将叫廉颇，他英勇善战，多次领兵战胜齐、魏等国，以有勇有谋闻名于诸侯。文臣叫蔺相如，他曾两次出使强大的秦国，面对骄横的秦王，他临危不惧、有勇有谋，顺利地完成了使命，维护了赵国的尊严。因此，赵王封他为上卿，官位在廉颇之上。</u>

廉颇见蔺相如从一个默默无闻的家臣，一下子官居高位，很不服气，到处对人说："我攻城略地，立了不少大功，而蔺相如只不过是动动口舌，地位就在我之上。何况他本是个下等人，官职在他的下面我感到羞耻，如果我遇到他，一定要当面羞辱他。"

有好心人把廉颇的话告诉了蔺相如，劝他去报告赵王。<u>②蔺相如不仅不去报告，以后出门还格外小心，听说廉颇来了就远远避开。赵王朝见大臣时，蔺相如也常常托病不去，避免与廉颇见面。</u>他的部下很不痛快，对他说："我们之所以离开父母兄弟跟着你，是仰慕你的勇敢和才能。现在你的职位比廉颇高，廉颇羞辱你，你却躲着他，如此胆小怕事。老百姓尚且有羞耻之心，何况你是一个大臣呢！我们忍不下这口气，请让我们离开你吧！"

❶叙述

蔺相如的职位比廉颇高，引起了廉颇的不满，为下文作铺垫。

❷行为描写

蔺相如为什么要这么做呢？引出下文。

蔺相如坚决不让他们离去，问道："你们看廉将军和秦王哪个厉害？"他的部下说："当然是秦王了。"蔺相如笑道："秦王是一个强国的国君，我都敢当面斥责他，难道我会怕廉将军吗？我只是觉得，强大的秦国之所以不敢侵犯赵国，是因为有我和廉将军两人在。如果我和他两虎相斗，必然是要伤害其中一个，这样，对国家不利。我之所以避让他，是为国家着想。个人恩怨是小事，不该计较。"

这话传到了廉颇耳朵里，他感到很羞愧，便光着上身，背着荆条，到蔺相如的家里请罪。从此，两人结为生死之交，共同为赵国出力。

精华赏析

廉颇故意在人前羞辱蔺相如，但是蔺相如为了国家利益，刻意避开廉颇。廉颇后来明白了蔺相如的良苦用心，负荆向其请罪，最终两人结为生死之交。

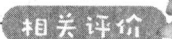

延伸思考

廉颇为什么要用言语羞辱蔺相如？

相关评价

故事中的蔺相如主动避让廉颇，通过这样一个看似简单的举动便能看出蔺相如的胸襟。而故事结尾，廉颇知道有错后负荆请罪，不失大将本色，表达出了知错能改善莫大焉的道理。

覆水难收

名师导读

姜子牙没有发达前，是一个非常失败的人，什么事都做不好，妻子也因此弃他而去。后来姜子牙发达了，妻子要求复婚，姜子牙是怎样回复的呢？

①殷朝末年，渭水河边，出了一个古今闻名的大贤人，名叫姜子牙。他在 70 岁以前没有被周文王礼聘出山的时候，有一段非常坎坷的生活经历。起初他买卖生猪，人们不喜欢吃猪肉，专吃羊肉，他的生意十分惨淡。后来他开始从事卖羊肉的生意，人们的口味仿佛专门和他作对，突然又不吃羊肉了，改为吃猪肉了。

市场的变化使姜子牙的生意再度亏本，于是他想了一个万全的办法：同时经营猪羊两个品种。他买进了大批猪羊，但还没来得及脱手，赶上朝廷颁布了新法令：禁止屠宰任何牲畜。

姜子牙购进的猪羊既卖不出去，又不敢屠宰，只好养起来，每天消耗大量饲料，他只能硬着头皮做赔本生意。

②姜子牙在生意场上的连连失利，引起妻子的强烈不满，讥讽他说："你就是天生的穷命，这辈子别想发财。别人做生意赚钱，你倒赔本。像你这样做买卖，早晚连妻子都得赔进去。"

姜子牙说："并不是我不会经营，而是朝廷的法令限制了我的生意。如果允许屠宰，我的猪羊卖出去，不照样能

❶概述说明

引出主人公，指出姜子牙坎坷的经历，为下文作铺垫。

❷语言描写

体现了姜子牙的妻子尖酸刻薄、势利的性格，侧面表现了姜子牙生活的窘迫。

赚一大笔钱嘛。"

妻子不满意姜子牙的辩解，威胁说："我不问你做什么生意，也不想知道是谁妨碍了你，总之一句话，你再赔钱，我就离开你。我可不想和你这个倒霉蛋过一辈子穷日子。"

姜子牙了解妻子的性格，不屑继续争辩，开始想他的生意经。①他分析了几次失败的原因，决心吸取教训，从事一种没有风险，朝廷任何时候都不会明令禁止的买卖。

❶心理描写⋯⋯⋯
姜子牙还想做什么买卖？他能做好吗？设置悬念。

于是他开始卖面。他想：人们总是要吃面的，那么就不愁无钱可赚。

姜子牙担着面粉，走街串巷，吆喝着叫卖。可也真邪门儿了，一连十几天，居然一笔生意都没有做成。一天，有一位老太太要买二两面粉打糨糊。②姜子牙很犹豫，不卖吧，但大小是笔生意，不做可惜；卖吧，数量又太小。

❷心理描写⋯⋯⋯
将姜子牙犹豫不决的心理表现了出来，真实而生动。

最后决定做这笔小生意。不料刚打开箩筐，还没来得及舀面，一阵狂风吹来，箩筐倒地，面粉被刮得漫天飞舞，一点儿也不剩。姜子牙只好回家，妻子闻之果然弃他而去。

后来姜子牙做了大官，妻子想回到姜子牙身边，姜子牙命人把一盆水泼到地上说："你把泼在地上的水收起来，我就与你复合。"

他的妻子顿感羞愤难当。

精华赏析

"覆水难收"指倒在地上的水难以收回。比喻事情已成定局，无法挽回。这个故事告诉我们，做决定前一定要三思而行，切莫做让自己后悔的事；每个人都有闪光的一面，不要随便将人全盘否定。

延伸思考

1. 姜子牙年轻时做过哪些生意？妻子为何离开他？
2. 姜子牙的妻子要求复合时，姜子牙是怎么做的？

相关评价

　　本文故事中的主人公是家喻户晓的姜子牙，他三番五次做生意失败，依旧没有灰心丧气，表现出了人物的坚韧不拔。与之相对的是，妻子无法从一而终，对姜子牙一方面的失败而全盘否定他，这样显然是不可取的。

G

刚愎自用

名师导读

　　郑国在晋国和楚国之间摇摆不定,所以导致晋国与楚国的摩擦不断,两国都想使郑国臣服,结果如何呢?

❶叙述

郑国的态度摇摆不定,为后文埋下伏笔。

❷叙述

表现出郑襄公的卑微,他只能用这种方式乞求一条生路。

　　春秋时期的郑国,经常受到晋、楚两国的欺凌。^①郑国为了生存,只得在南北两个大国之间采取骑墙的态度:哪国的势力一时处于优势,对它逼得紧迫,它便去侍奉这个国家;一旦形势逆转,它便转而靠拢另一个大国。

　　晋、楚两国出于争夺霸权的需要,都对郑国倾向于谁极为敏感。因此,在较长一段时间内,晋、楚、郑三国之间的关系,形成这样一个怪圈:晋、楚以中原地区的郑国作为争夺、宰割的对象;晋、楚势力的消长,决定着郑国对它们的态度变化——时而亲晋,时而亲楚。而郑国的态度,往往又导致晋、楚之间的直接对抗。

　　公元前597年,因为郑国与楚国结盟之后,又主动请求侍奉晋国,楚庄王亲率大军包围郑国达十七天。郑国都城的百姓以及守城将士号啕大哭,楚庄王暂时退兵,但不久便再次发起围攻,三个月后攻破郑国都城。

　　②郑襄公以表示愿意降服为臣仆的礼仪——脱衣露体,

手里牵着一只羊迎接楚庄王进城，可怜巴巴地哀求给郑国一条生路。楚庄王同意不灭绝他们，退兵三十里，与郑国媾和。郑国派公子去疾到楚国作为人质。

晋国不甘坐视楚国围攻郑国，便派荀林父、先縠同大批将领领兵前去援救郑国。军队到达黄河岸边，听说郑国已跟楚国媾和，于是在是否再跟楚国打一仗这个问题上，晋国将领们产生了很大的分歧。

中军统帅荀林父主张撤兵回国，上军主帅士会极力赞同。①中军副帅先縠却从晋国不能丢掉霸主地位，以及统帅就应该是敢于迎战敌人的大丈夫等观点出发，坚决主战。而且，他不顾一切，独自带领中军副帅所属的那部分军队渡过了黄河。

中军统帅荀林父对此感到十分不安。他预料这次晋国一定会失败，而先縠将成为罪魁祸首。司马韩厥则劝荀林父道："先縠带去的这些军队如果吃了败仗，您也难逃脱罪责。您是最高统帅，军队不听从命令，擅自行动，这是谁的罪？失去了郑国，丧失了军队，您的罪可够大的了。与其这样，不如干脆进军。即使打了败仗，我们共同承担罪责，比起现在这样只能由您一人担当，不是更好一些吗？"于是，晋军全部渡过了黄河。

②楚国内部这时意见也不一致。楚庄王打算撤兵回国，他的宠臣伍参却想要作战，他对楚庄王说："晋国目前管事的都是一些新手，没有权威去行使命令。晋国统帅的副手先縠这个人，刚愎不仁，不肯服从命令。他们的三个主帅，想自己说了算吧，可又都办不到；想服从命令吧，可又没有能统一指挥的上级。军队听谁的命令？这次晋国一定失败。而且您以国君的身份逃避晋国臣下带领的军队，楚国岂能忍受这样的耻辱？"楚庄王听罢，觉得伍参说得倒也有理，于是，便率军北上，决心与晋军决一胜负。

这次战争，结果以楚国的胜利而告终。

❶叙述·············
先縠不听中军统师荀林父的命令，独断专行地决定攻打楚国，为后文他的结局埋下伏笔。

❷叙述·············
说明楚国也并没有十足的把握可以战胜晋国。

精华赏析

　　"刚愎自用"形容一个人过分自信，完全听取不了别人的意见，十分固执。先榖就是这样一个刚愎自用的人，他不听荀林父的命令，执意与楚国对战，从而导致了战争的失败。

延伸思考

晋国最终失败的原因是什么？

相关评价

　　故事中的先榖在未看清形势的情况下，不听取他人意见，最终导致满盘皆输。对比之下，楚国臣子却善于审视局势，知己知彼，而楚庄王也很好地接纳了臣子的意见。故事要表达的道理很明确，传达出为人不能刚愎自用的道理。

高山流水

名师导读

《高山流水》是著名琴师俞伯牙的名曲，后来人们用"高山流水"比喻知音或乐曲高妙。这个成语的背后有一段关于知音的动人故事，我们一起去了解一下吧。

俞伯牙是我国古代著名的琴师，相传是春秋时楚国人。①他曾经拜有名的演奏家成连先生为师学琴。他本人很刻苦，又有名师指导，可苦练了三年琴艺仍不够精妙。后来成连先生对他说："我只能向你传授曲子，却不能转移你的性情。我有位老师叫方子春，不仅善于鼓琴，还能转移人的性情。现今他住在东海上，你愿意和我一道去向他请教吗？"伯牙当然从命。

来到东海蓬莱山上，成连先生对伯牙说："你自己在这儿练琴吧，到时候方老师自然会帮你的。"说完就坐船回去了。伯牙久等不见方老师，也寻找不到他，于是便住到蓬莱仙山，每天从早到晚，除了练琴外，便到各处寻幽探胜。那寂静的森林、潺潺的溪水；那绚烂的野花、唧唧的虫鸣；那深沉悠长的虎啸龙吟、潮涨潮落的涛声……这一切，交织成一曲多么和谐美妙的音乐。②伯牙仿佛感受到大自然的一切跟自己融会成一体，达到了"天人合一"的境界。他把这种感受谱入琴曲，便产生了一种跟以前迥然不同的韵味，从此琴艺大进，达到了一种出神入化的新境界。

这时，伯牙想起成连先生的教诲，心中才明白，所谓方

❶叙述

为下文俞伯牙到蓬莱山学习作铺垫。

❷叙述

俞伯牙从大自然汲取灵感，这是他成功的关键因素。

子春老师就是大自然。他把听到的大自然的各种声音——澎湃的涛声、悲号的鸟声、唧唧的虫声、潺潺的水声都融会到曲中，抚琴而歌，创作出了一首著名的琴曲《水仙操》。

后来，俞伯牙开始到各地游历。

①这一天，俞伯牙来到汉阳江口，忽然下起了暴雨，伯牙赶紧跑到一座山崖下面去避雨。雨越下越急，伯牙的心中略有所感，手指拨动着琴弦，不经意间铮铮琮琮地奏出了淋雨的声音。这时，一个叫钟子期的青年樵夫也来崖下避雨，放下柴担，倚在崖壁旁听琴。听了一会儿，他不禁点头称赞说："这是淋雨的声音啊！"伯牙暗自吃了一惊，想不到一个樵夫竟有如此高超的鉴赏能力，不由得看了他一眼，又故意在指头上用劲，弹出山崩地裂的声音。钟子期听了，又点头称赞说："这是山崩的曲调啊！"伯牙推开琴，上前握住钟子期的手说："好啊！你可真是我的知音啊！"这时已雨过天晴，二人坐在石头上欢快地谈了起来。伯牙发现子期虽是个樵夫，却学识渊博、志趣高远。从此，两人成了心心相印的好朋友。

《列子·汤问》一文中记载：②"伯牙鼓琴，志在高山，钟子期曰：'善哉！峨峨兮若泰山！'志在流水，钟子期曰：'善哉！洋洋兮若江河！'伯牙所念，钟子期必得之。"就是说，伯牙在演奏表现高山的曲子时，钟子期就赞叹说："这琴弹得真好！巍峨如同泰山！"当伯牙演奏表现流水的曲子时，钟子期赞叹说："这琴弹得真好！浩荡如同江河！"伯牙所奏乐曲，钟子期都能听出来。据说，这里提到的乐曲就是伯牙所做的《高山流水》。

伯牙是士大夫，钟子期是樵夫，两个地位不相等的人，只因"知音"而成为好朋友，亲如兄弟。③后来钟子期死了，伯牙到坟上祭奠他，弹奏了《高山流水》后，泪流满面地说："从此我不再有知音了！"说完就将琴摔碎了，终生不再抚琴。

❶铺垫

俞伯牙山崖避雨才得以巧遇知音，为下文作铺垫。

❷语言描写

俞伯牙遇到了知音钟子期，实在是幸运又幸福的事情。表现了知己共处的快乐、和谐。

❸动作描写

俞伯牙摔琴祭知音，说明他对知音的深厚情谊令人动容。失去了知音，再美的音乐也没有意义。

精华赏析

　　鲁迅先生曾说"人生得一知己足矣，斯世当以同怀视之"，可见知音难觅。再美的音乐如果没有人懂，也是没有意义的。俞伯牙深感失去知音的孤独、痛苦。这样看来，他摔琴和终身不复抚琴的惊人举动，也就在情理之中了。

延伸思考

1. 俞伯牙最初为什么不能掌握精妙的琴艺？
2. 谈一谈你对俞伯牙摔琴祭知音的感想。

相关评价

　　文章讲述的是俞伯牙和钟子期的故事，故事结构层次分明，阐述人生知己的难能可贵。文中对伯牙的心理和动作描写，都表现出了伯牙在遇见知音后的欣喜。

各得其所

名师导读

　　"各得其所"指每一个人或每一件事情都得到合适的安顿。这个成语出自东方朔之口，用以恭贺汉武帝。那么，当年究竟发生了什么事情？汉武帝又是如何处理使之"各得其所"呢？

　　汉武帝的妹妹隆虑公主有个儿子，被武帝封为昭平君。昭平君平日酗酒行凶、胡作非为，经常触犯刑律。武帝看在妹妹的面子上，一次次法外施仁，予以宽恕。

❶叙述说明

隆虑公主为胡作非为的儿子求得一次免死机会，为下文武帝陷入两难埋下伏笔。

　　①隆虑公主病危时，很为儿子的将来担忧，害怕她死以后，昭平君失去了管教更加横行不法，就花钱为他预赎了一次死罪。昭平君自他母亲死后，知道母亲为他预赎了一次死罪，更加肆无忌惮，行为愈加放纵。一次酒后大醉，他把主傅杀死，被关入宫内监房。朝廷有明确的法律条文，杀人者抵罪。廷尉原想依法判处昭平君死刑，但想到隆虑公主预先为昭平君赎免过死刑，不敢擅自决定，于是向汉武帝奏请裁处意见，说："昭平君擅杀朝廷官员，依法当死，但公主临终之日曾向陛下赎免过死罪，陛下当时也亲口答应，所以臣不敢定罪，请陛下圣裁。"

❷心理描写

武帝左右的大臣从情理出发替昭平君说情，武帝将会如何处理情与法的冲突呢？设置悬念。

　　武帝左右的大臣觉得隆虑公主只此一子，如果被处死就断了后代，更何况皇帝曾答应赦免一次死罪，于情于理都应该从轻处罚。②于是纷纷替昭平君说情，建议武帝信守诺言，饶恕昭平君。

　　武帝对讲情的大臣说："公主老年得子，又在临终之际

102

将儿子托付于我，想起来我也觉得痛心。可是法律是高祖亲自制定的，如果因为我妹妹的缘故破坏了先朝法令，我怎么对得起列祖列宗，又如何取信于百姓呢？我看还是依法判决吧。"武帝说完，禁不住流下眼泪，左右大臣也觉得悲伤，气氛显得十分压抑。

太中大夫东方朔却上前祝贺说：^① "我听说圣明的君主治理天下时，奖赏不避仇敌，处罚不偏袒亲近。您已做到了这两条，全国百姓生活安定，每个人都在其适当的位置上，实在是百姓的大幸（四海之内，元元之民各得其所，天下幸甚）。"

❶语言描写·········
东方朔肯定了武帝的做法，认为他的做法有利于江山社稷，打破了压抑悲怆的气氛。

当天夜里，武帝对东方朔说："我悲痛时，你却祝贺，不对吧。"东方朔又说了一番颂扬的话，武帝高兴了，给了他不少赏赐。

精华赏析

情与法的矛盾冲突，自古以来便困扰着世人。社会的安定需要法来提供保障，为了人情而罔顾法律秩序，危害极大。汉武帝做出了正确的选择，不愧为一代明君。

延伸思考

1. 武帝左右的大臣为什么要替犯罪的昭平君求情？
2. 武帝处于怎样的两难困境？

相关评价

故事中隆虑公主的宠溺行为导致了儿子的横行不法，而武帝严明执法。与其他臣子相比，东方朔对这件事截然不同的态度表现出他的非凡才能。

孤注一掷

名师导读

　　辽国人对宋朝进行大规模入侵，寇准请求皇帝亲临战场督战，皇帝会听取寇准的建议吗？最后的结果怎样呢？

❶背景概述
交代寇准所处的时代背景，为下文故事发展作铺垫。

❷设置悬念
这是为什么呢？设置了悬念。

❸叙述
众大臣不是想着如何击退辽军，而是考虑迁都的事。表现了这些人的愚昧与迂腐。

　　寇准是在宋真宗景德元年开始担任宰相的。①他任相不久，北方的辽国经常派小股部队到大宋的边城进行侵扰。宋朝一派出军队追击，他们便撤回去。

　　边关将消息飞报朝廷，寇准马上报告皇帝说："这是辽军在麻痹我们，我们应马上挑选精锐部队扼守边关的军事要塞。"

　　皇帝听从了寇准的建议。但是，宋朝的军事部署还没来得及完成，辽军已大规模入侵，各地边防的告急文书像雪片一样飞往京城。

　　②这些告急文书汇集到寇准的手中，他心中早就拿定了主意，把所有的消息都扣下，不向皇帝报告。

　　有人向皇帝汇报紧急军情，这可把皇帝急坏了，马上召见寇准，向他询问军情。

　　寇准向皇帝报告完军情，对皇帝说："陛下如果打算击退敌兵，五天之内即能办到，只是需要您亲自到前线督战。"

　　听了寇准的建议，皇上心中颇为犹豫，立即上朝召集文武百官，商议对策，众大臣议论纷纷。③参知政事王钦若是江南人氏，他建议迁都金陵（今江苏南京）；陈尧叟原籍四川，建议迁都成都。皇帝一时又没了主意。

第二天，皇帝又将这两种看法征求寇准的意见。寇准知道是王钦若、陈尧叟二人的心思，佯装不知道，对皇帝说："是谁出的这种主意？说这种话的人可杀不可饶。京都搬迁会引起天下大乱，宋朝的江山可就危险了。我们可以出奇制胜打乱敌人的计划；也可以坚守阵地消磨敌人的士气，使敌人疲惫。肯定能取胜，为何要迁都呢？还是陛下亲临前线，才能稳操胜券。"

①宋真宗权衡再三，也觉得寇准的建议是唯一可行的，于是他来到澶渊前线。宋军士兵见皇帝亲临军中，顿时士气倍增。

①叙述
体现了寇准的聪明才智。

疲惫的辽军看到宋军威武雄壮、戒备森严，自己先乱了阵脚。

宋真宗住在行宫，派内侍到军中了解寇准的动向。内侍报告说："寇丞相与杨学士在饮酒赋诗。"

宋真宗听了高兴地说："寇准有必胜的把握，我可以放心了。"

②寇准亲自指挥宋军，把辽军打得节节败退，取得了决定性的胜利。为此，宋真宗对寇准更加信任。

②叙述
寇准击退了敌军，表现了他杰出的军事才能。

寇准为官清廉，一切从国家利益出发，所以在选拔官员时，从不问他们的资历如何，而只看才能怎样。对此，副宰相王钦若怀恨在心。

一次，宋真宗因事将寇准和王钦若一同召进宫中。③商议完事情，寇准离去时，宋真宗用亲切的眼神目送寇准。

③神态描写
表现了宋真宗对寇准的信任与恩宠。

王钦若把这些看在眼里，马上别有用心地对宋真宗说：

"寇准曾拿陛下您当赌注，您没有想到吗？譬如赌博，赌徒快把钱输光了，往往把剩下的钱全部押上，这就是孤注。在与辽军的交兵中，寇准让您亲临澶渊前线，置

注释

怀恨在心：形容对人记下仇恨，以伺机报复。

105

您于数十万敌军之前，这不就是把您当成孤注，做最后一掷了吗？现在想来，那可实在太危险了。"

王钦若的一席话，说得宋真宗后背直透凉风，不觉害怕起来：如果当时打不退辽军，自己不就要死在前线了吗？

①听信了王钦若的谗言，宋真宗不久便将寇准贬出京城去做地方官了。

现在，"孤注一掷"这个成语，比喻在危急时用尽所有力量做最后一次冒险。

❶叙述
宋真宗对寇准的态度发生了翻天覆地的变化，具有讽刺意味。表现了宋真宗的愚昧与可笑。

精华赏析

"孤注一掷"指将所有钱全押上赌桌一决输赢，比喻倾尽所有力量来搏一胜负。寇准劝宋真宗到前线鼓舞士气，最终击退了敌军，但这也为他带来了麻烦。

延伸思考

1. 宋军边境告急时，寇准提出了什么应对措施？
2. 宋军和辽军交战为什么会取得胜利？

相关评价

故事中寇准的果敢和宋真宗的愚蠢形成鲜明对比，寇准对敌时和挑选人才时的表现，都体现出了寇准的才能。文中对寇准的行为描写，更是将人物的从容不迫展现得淋漓尽致，令人不由心生敬佩。

刮目相看

名师导读

　　"刮目相看"的意思是别人已有进步，应用新的眼光去看他，也说"刮目相待"。这一成语出自东吴名将吕蒙。吕蒙虽勇猛，但缺少智谋，他是如何让别人对他刮目相看的呢？

　　吕蒙是三国时东吴的名将，继周瑜、鲁肃之后，担任东吴的最高军事长官。在他的精心策划和周密的安排下，东吴军队击败了威震华夏的关羽，袭取了荆州。

　　①吕蒙出身贫寒，没有多少读书的机会，因而缺乏治国安邦的谋略，谈话也缺乏书生气。吴王孙权觉得吕蒙是个可以进行培养造就的人才，所不足的是读书不多，缺少必要的知识。有一次，他很关切地劝吕蒙说："如今将军是朝廷重臣，名望很高，地位尊崇，美中不足的是书读得太少。作为统军大将不能单纯依靠武功高强，作战勇猛，还须讲究点谋略才行。我劝你抽空多读些书，增加点知识。"

　　吕蒙听了孙权的话觉得不大好意思，辩解说："军营里的事情太多，每天都有处理不完的军务。我也想看些书，可就是抽不出时间来。"

　　孙权说："你说得不对。②如果说忙，我比你还忙，朝中的事情比军营要复杂得多，包括内政、外交、军事，等等，样样都需要我来决策。即使如此，我还是忙里偷闲，找些书来读。我劝你读书，当然不是让你背诵五经、成为学者的意思，只是要求你增加见识，开阔眼界就行了，况

❶叙述

　　简要说明吕蒙缺少学识、谋略这一情况，为下文作铺垫。

❷语言描写

　　孙权以自己为例，反驳了吕蒙没时间读书的借口。接着又打消吕蒙对读书的恐惧和顾虑，并谈了读书的好处，激励吕蒙学习。循循善诱，极富说服力。

且读书对你治军也是有很大帮助的。"

吕蒙赞同地说："您说得对，听说汉武帝就勤奋好学。他当年东征西讨，戎马倥偬，仍能坚持读书，我一定以他为榜样，下一番苦功夫，不辜负您的厚望。"

❶叙述

吕蒙抓紧时间读书，表现了他的勤奋刻苦。他的付出最终得到了回报。

①这次谈话以后，吕蒙不管军务怎样繁忙，总是抓紧一切时间，翻阅《史记》《汉书》《战国策》等书，学问大有长进。

周瑜死后，鲁肃继任大都督，司令部设在陆口。由于工作关系，吕蒙与鲁肃经常讨论军政大事。一次，鲁肃问吕蒙："将军受朝廷重托，驻守陆口，北与荆州相望。素闻关羽勇略过人，深通兵法，如有意外，将军有何良策？"

❷语言描写

通过鲁肃侧面肯定了吕蒙的才能。

鲁肃向吕蒙虚心求教，吕蒙说了五条对付关羽的计策。②鲁肃听了又惊又喜地夸奖道："我知道老弟你是员猛将，想不到您还有这么高的智谋，可喜可贺呀。"

吕蒙开玩笑说："士别三日，当刮目相看嘛。"

精华赏析

知识的力量是巨大的，我们每个人都需要用学识来武装自己。只要愿意学习，任何困难都是可以克服的。吕蒙军务繁忙，但他勤奋努力，最终取得了巨大的进步，让人刮目相看。他的故事对我们有很大的激励作用。

延伸思考

孙权为什么要让吕蒙多看书？

相关评价

知识的重要性不言而喻，吕蒙的事迹很好地向我们证明了这一点。吕蒙的前后变化让人赞扬有加，这是他勤奋的成果。

管中窥豹

名师导读

"管中窥豹"比喻只见到事物的一小部分。有时同"可见一斑"连用，比喻从观察到的部分，可以推测全貌。这一成语与著名书法家王献之有关，下面让我们来了解一下吧。

王羲之是我国书画史上屈指可数的几位大书法家之一，他的几个儿子从小习字、绘画，七子王献之尤为突出。

有一天，王献之和他的哥哥徽之、操之三人一起去拜访当时的朝中重臣谢安。宾客落座之后，徽之和操之话匣打开，聊了很多平常俗事，只有献之寒暄过后，很少插话。

三人走后，有人问谢安："刚才来的王氏三兄弟，你看哪一个更出色？"谢安不假思索地回答："小的最好。"人们都很纳闷，问他为什么。①谢安说："古人说'吉人之辞寡，躁人之辞多'，最小的那个不屑于参加无聊的叙谈，自是心性最高。"

还有一次，王献之和哥哥王徽之同在一间屋里读书，突然房顶着火了。当时，王徽之惊慌失措，大叫一声，一个人跑了出去，连鞋都没来得及穿。②王献之却神色平静，把手边的几卷珍贵书籍带出来，然后指挥家人救火，真有一种处变不惊的风度。

从这些小事中，人们也就看出了王氏兄弟不同的精神气度。

一天，有位客人请王献之题写扇面。王献之蘸饱墨

❶语言描写

　　谢安称赞王献之的清高品性，为下文王献之在书法界取得盛名埋下伏笔。

❷叙述

　　王献之临危不乱、镇定自若，表现颇有大家风范。

笔，未及书写，不想一滴墨汁滴落在扇面上。客人心里很可惜他的香扇，旁边的人也都在担心王献之无法收场。王献之看了看墨点，索性在墨点上涂勾了几笔，画成了一头矫健的大母牛，活灵活现。客人拍手赞道："嘿，这可真是化腐朽为神奇！妙！妙！"众人也都赞不绝口。

王献之的父亲既以书法闻名当世，又在朝中任右军将军，家里的门生自然很多。王献之性情豪放，不受礼教的束缚，常和他们一起玩耍。一次，门生们玩樗蒲，各有胜负。王献之看着看着看出了门道，插嘴说："南边的那位要输！"

樗蒲是当时盛行的一种赌博游戏，用掷骰子来决定胜负。王献之当时只是几岁的顽童，没人把他放在眼里。①其中有一位说："此郎亦管中窥豹，可见一斑。"意思是：这个小孩就像从管子里看豹，只看见豹身上的花斑，看不到全豹。他的意思是，这个小孩并没真正明白这种游戏，咱们不必理他，继续玩好了。王献之听了很生气，自负地说："远的，我自愧不如荀奉倩；近的，我自羞不及刘真长！"说完，一甩袖子走了。

他所说的荀奉倩，是三国时期曹魏大臣，为人清高，很有才学；刘真长是东晋名士。王献之这句话的言外之意是说自己的才识除了荀、刘两人，还没人能比得上呢。

②谢安和王献之本人的话都没说错，在王羲之的儿子中数王献之最有成就，他把王羲之草书字字独立的风格发展为上下贯联的一笔书（连笔），气势奔放，遂与其父齐名，被后人并称"二王"。

❶语言描写
　　说话之人没把王献之放在眼里，讽刺他只懂了一点点皮毛就自以为了解全局。注意此处的意思与后来的用法不一样。

❷叙述
　　介绍了王献之的成就和地位，同时与上文谢安的话相照应。

精华赏析

　　沉稳自信、清高孤傲，王献之身上有很多值得称颂的地方。从他的故事中我们可总结出不少成功的要素，如戒浮躁、树立自信心等。王献之还具有过人的观察力和推测能力，"管中窥豹，可见一斑"后来的用法"窥一斑而知全豹"就是对他的肯定。

延伸思考

　　1."管中窥豹，可见一斑"在文中的意思是什么？
　　2.解释成语"管中窥豹"。
　　3.王献之具有哪些过人之处？

相关评价

　　文中通过对王献之生平事例的讲述，让我们看到了他身上许多为人的珍贵品格：在保证自身不断进步的同时，还需树立不畏人言的自信心，结尾所述的成就更是很好地证明了这一点。

好逸恶劳

名师导读

"好逸恶劳"的意思是贪图安逸，厌恶劳动，含贬义。与这个成语相关的人物是东汉名医郭玉。他是个什么样的人？"好逸恶劳"又是说的谁呢？让我们到文章中找找答案吧。

"好逸恶劳"这句成语出自《后汉书·方术列传·郭玉传》。

郭玉从小就喜欢扶危救困，心地特别善良，尤其不忍心看到病人被疾病折磨得十分痛苦的表情，于是他立志做一名良医。

❶叙述

交代了郭玉行医遇到的问题，有两方面作用：其一，说明他不安于现状，渴望用精湛的医术治愈更多病人；其二，为下文他师从程高作铺垫。

郭玉在熟读了《黄帝内经》，掌握了淳于意的把脉方法之后，便背起药囊，走乡串户为病人解除痛苦。①行医期间，他遇到不少疑难杂症，既无法找到病因，又不敢判病情，当然也就不能对症下药，为此他深感烦躁，痛恨自己医术拙劣。后来，他听说程高医术高明，凡是经过他医治的病人无不药到病除，于是，他不远千里去拜程高为师。

程高择徒标准很高，他注重人的理解能力，并把人的品德修养看得十分重要。

程高问郭玉："世上谋生的手段不少，你为什么非当医生不可呢？在我看来，你凭现在的技术完全能维持富裕的生活，何苦还要苦苦钻研呢？"

①郭玉恭敬地回答说："弟子学医不为个人衣食，只是为了治病救人。"

程高非常满意郭玉的回答，于是收下郭玉为徒，并尽心尽力地指导。三年以后，程高对郭玉说："我的医术你已经全部掌握了，你可以为天下患者解除病痛了。"

郭玉出师以后，医术突飞猛进，治愈了许许多多的病人，声名大振，并被汉和帝任命为太医丞。郭玉虽然做了官，但仍不忘记贫苦的百姓，经常给他们治病，挽救了很多垂危病人，使他们恢复健康。可是当他为高官显贵及其家属治病时却往往发挥不出应有的水平，有时久治不愈，为此皇帝深感奇怪。

一次皇妃得了病，治了很久不见效果。皇帝让皇妃换上百姓的装束，找郭玉求医，郭玉很快把她治好了。皇帝问郭玉，这到底是怎么回事。②郭玉说："这是因为臣在给皇妃看病时心理负担很重，又不敢抬头察看气色，因此很难准确诊断。另外，达官显贵们体质太弱，不能随意投药，更重要的是他们太贪图安逸，讨厌劳动（好逸恶劳），这些都为治疗增加了困难，自然难以很快见效。"

皇帝这才明白了问题的症结所在。

①语言描写

表现了郭玉悬壶济世、不求名利的奉献精神。

②语言描写

说明郭玉行医严谨、慎重。他并不是医术不到位，而是在给贵人诊断时有诸多礼节上的顾虑，且充分考虑了体质的差异。

精华赏析

郭玉医德高尚，值得敬仰。他从医的目的是将人们从病痛中解救出来，而非为个人名利。即使当了太医丞，依然不忘贫苦百姓，实乃世代医者之典范。

延伸思考

1. 郭玉给贵人们治病为何发挥不出应有的水平？
2. 郭玉有什么可贵的品质？

相关评价

不为钱财，只为救人，故事中的郭玉无疑是值得人们钦佩的。为了精进医术不远千里去求学，也说明了郭玉坚韧的品性。故事中达官贵人与寻常百姓的对比，则体现出了好逸恶劳给人带来的负面影响。

好善嫉恶

名师导读

　　成语"好善嫉恶"是人们用来夸赞唐朝爱国大将李晟的。他为何能够享此赞誉？让我们一起去了解一下吧。

　　唐代中期，有一员大将李晟，作战英勇，善于用兵。为平息叛乱、抵抗吐蕃侵略，他多次领兵作战，为国家立下了不少汗马功劳。

　　①"安史之乱"后，中原的大片土地被侵占，连都城长安也陷于叛军手中。李晟率军经过浴血奋战，终于夺回了长安。进长安城时，他给部队下命令说："我与大家都有家室在长安，离别数年，都很想知道家人的情况，但为了安定社会秩序，五日之内不得和家人互通消息，也不得打扰百姓，违者军法从事！"

　　尽管李晟有言在先，他的部将中仍有人违反法令，把俘虏来的马匹和美女据为己有。李晟知道后，立即将违纪者斩首示众。这下再也没人敢违反纪律了。长安的老百姓一点也没受到军队的骚扰，大家都很感激李晟。唐德宗也很赏识李晟，封他为凤翔、陇右节度使，专门负责西北边境的守卫。

　　②当时西域的吐蕃很想侵犯中原，但因为李晟的顽强抵抗，总是不能得逞。吐蕃的大相尚结赞知道要想进攻中

❶叙述

　　在国家生死存亡的时刻，李晟表现出了杰出的军事才能。

❷侧面描写

　　吐蕃将李晟视为侵占中原的巨大阻碍，从侧面说明了李晟对唐朝存亡的重要作用。

注释

据为己有：意思是将别人的东西拿来作为自己的。

原，必先除掉李晟。他就使了个计谋：亲自率领大兵侵入陇州和凤翔，但并不像以往那样纵兵抢掠，只是示威似的转了一圈，并到处放风，说："李晟召我们来，怎么不用酒肉犒劳我们呀？"

李晟知道后，恨得咬牙切齿，就派兵伏击吐蕃军。吐蕃军大败，只可惜唐军将士不认识尚结赞，让他跑了。李晟乘胜挥师追击，攻占了吐蕃的摧沙堡。尚结赞忙派人向唐德宗求和。

李晟听说吐蕃使者已赴京师求和，急忙赶回京城，劝告德宗不要和吐蕃讲和。

①可是德宗因连年征战，已厌恶打仗。他怀疑李晟是为了邀功而与吐蕃打仗、制造事端的，就不听李晟建议，而且把李晟的兵权也给收回了，改任他为没有实权的太尉、中书令。

有人对李晟说："您劳苦功高，却被罢了兵权。自古以来，功高者都没好下场。您何不早为自己的退路做点准备呢？"

李晟一听，那人分明是叫自己结党谋反，就严厉斥责了他。当时人称赞李晟"好善嫉恶"，说他尤其厌恶结党营私者。

读书笔记

❶叙述
自己的忠心不被理解，劳苦功高反被贬官。李晟的遭遇令人扼腕。

精华赏析

李晟勇猛善战，具有卓越的军事才能。更可贵的是，他对朝廷和君主忠心不二，即使遭受了不公正的待遇，也绝无二心。其忠诚品格令人敬仰。在现实生活中，我们也要学习李晟"好善嫉恶"的品质。

延伸思考

1. 从哪些地方可以看出李晟杰出的军事才能?
2. 李晟为什么严厉斥责那个为他鸣不平的人?
3. 你认为李晟是个什么样的人?

相关评价

文中李晟的果决、忠诚给人留下了深刻印象。他在征战中取得的连番胜利展现出其高超的军事才能,和其他臣子的自私自利对比则体现出了李晟的忠诚无私高尚品格。

后顾之忧

名师导读

　　史载：北魏孝文帝元宏在宰相李冲墓前痛哭流涕，痛惜自己失去了一个能为他解决"后顾之忧"的忠臣，这就是成语"后顾之忧"的出处。通过这篇文章，我们将对这一成语和李冲有进一步的了解。

❶叙述

介绍李冲的品行、为人，总领全文。

①南北朝时，北魏有个宰相叫李冲，他才智过人，为官清廉，对朝廷忠心耿耿，很受孝文帝元宏的器重，也很受大臣们的敬仰。

　　李冲为官清廉，从不接受贿赂。有一次，有人为了谋求官职给他送来了一匹良马，当时，他正巧不在家，寄住在他家的一个远房亲戚自作主张地收下了这匹马，事后也没告诉他。后来，李冲见到了这匹马，以为是家里新买的，就骑了它外出。送马的人见李冲骑了自己送的马，但对自己求官的事却只字不提，就把事情真相告诉了李冲。②李冲知道真相后，就以收受贿赂罪判了那个亲戚的死刑。

❷叙述

李冲大义灭亲，表现了他的刚正不阿。

　　李冲不贪图钱财，经常把皇帝、太后赐给他的钱财分送给亲戚朋友，因此很得人心。

❸叙述

孝文帝对李冲的器重和信任，从侧面表现了李冲的忠诚和才干。同时，为下文李冲死后孝文帝伤心流泪作铺垫。

③李冲对君主十分忠心。李冲当宰相时，每当孝文帝领兵出征，就把朝廷内外的大事都交付给李冲。李冲总是鞠躬尽瘁，事事都考虑得十分周全，使孝文帝在外面很放心。

　　但是，李冲却被自己曾经赏识的人间接害死。有个叫李彪的人，初到京师时投奔李冲。李冲和他交谈之后，觉得他颇有才学，就把他推荐给孝文帝。后来，李彪当了中尉兼尚书，成了皇帝的近臣，成天跟在皇帝后面。这下他觉得自己了不起了，朝廷大臣，他谁也不放在眼里，就连对李冲也傲慢无礼。大臣们很讨厌他，就到李冲那儿反映意见。①李冲也很生气，就和大臣们联合上书，向孝文帝控告李彪。李冲亲自执笔写奏章，写到李彪忘恩负义的地方，一时气得急火攻心，得了急病。十几天后，李冲竟去世了。

❶叙述 ......

表现李冲嫉恶如仇的性格特色。

孝文帝当时正领兵南征，听到噩耗，急忙赶回京城。他路过李冲的坟墓时忍不住失声痛哭，对左右的人说："李冲，品德高尚、忠诚可靠，我交托给他的国家大事，全都办得很好，使我每次出征在外，都没有后顾之忧。不料他竟暴病身亡，我真是很伤心啊！"

精华赏析

"后顾之忧"就是后方的忧患。李冲忠心耿耿、刚正不阿，为君主分忧解难，深得孝文帝器重。他无疑是一个值得敬仰的忠臣。

延伸思考

1. 孝文帝对李冲的器重和信任体现在哪些方面？
2. 你怎么看待李冲判处亲戚死刑这一行为？

相关评价

文章开篇便指明了李冲的为人，文中对其事迹的叙述，以及孝文帝的赏识，都很好地衬托出了李冲的才干和品性。故事中李冲气极病亡的收场令人不由扼腕。

见利忘义

名师导读

"见利忘义"指见到有利可图就不顾道义。这个成语的背后是一场惊心动魄的政治斗争，一切要从刘邦打算废长立幼说起……

赵王如意，为刘邦的妃子戚夫人所生。当年，刘邦认为太子刘盈过于仁慈，不足以震慑开国元勋，打算另立与自己性格相似的赵王为储君，此事由于众大臣的一致反对而没有办成。

①叙述

刘邦废长立幼招致了吕后的记恨，为下文吕氏夺权埋下伏笔。

①刘盈是吕后所生，吕后当然不愿意刘邦废长立幼。刘盈虽然没有被废，但在吕后的心里留下了抹不去的阴影。

刘邦死后，刘盈继位，史称孝惠帝。吕后残忍地杀害了戚夫人和赵王如意，这给惠帝造成巨大的精神痛苦，惠帝从此沉湎酒色，不久夭亡。

②叙述

吕后为夺权做了充分的准备，立侄子为王是其中的重要一步。立王一事为下文吕禄被朋友出卖被捕作铺垫。

吕后虽然另立了皇帝，但以皇帝年幼为借口，亲自参与朝政，即所谓"临朝称制"。②吕后准备让吕氏家族篡夺刘汉江山，于是她违背刘邦"不得封异姓为王"的嘱托，封她的侄子为王，并且掌握了能够控制京城局面的北军。

后来吕后病死，吕氏一门蠢蠢欲动，刘汉江山危在旦夕。动乱的政治暗潮如即将喷发的火山，随时有爆发的可能，这使得在朝大臣个个忧心忡忡。

丞相陈平、太尉周勃紧急磋商，讨论应急对策。陈平认为控制军队是当务之急，但周勃只是名义上的最高军事长官，手中并没有兵权，兵符掌握在吕后的侄子吕禄手中。只有拿到兵符，才能够调遣部队。

吕禄从不离开部队，周勃没有办法对他进行控制。陈平想起退休在家的老丞相郦商的儿子郦寄与吕禄的交情甚厚，只有借助郦寄，才能将吕禄调出军中。

周勃来到郦商私宅，开门见山地说："吕氏准备篡权，一旦他们的阴谋得逞，我们这些开国老臣必遭斩杀。现在你的性命已朝不保夕，为了大汉社稷，为了你一家老小的性命，你也不该束手待毙呀！"

①郦商本指望用他的儿子郦寄与吕禄的交情来保全他的利益，听了周勃的话惊出一身冷汗，这才意识到局面的危险性。他知道作为前朝老臣，绝不会成为吕氏新贵，便问："依太尉之见，老朽应该如何？"

周勃说："老丞相可令郦寄将吕禄约出北军。只要控制住吕禄，我们就胜券在握了。"

于是郦寄奉父亲之命，约吕禄出城打猎。吕禄不知是计，更想不到会被最好的朋友出卖，便欣然同意。二人带领百十名随从刚出城不远，即被周勃的伏兵擒获。

周勃逼迫吕禄交出了兵符。

周勃身佩兵符来到北军，立刻集合部队，明确地说："为吕氏卖命的露出右肩，忠于刘氏天下的露出左肩。"

②所有将士都不愿为吕氏卖命，非常整齐地露出左肩。

周勃当下部署军队将皇宫控制起来，然后下令将吕氏家族全部诛杀。就这样，一场政治阴谋被彻底粉碎。

读书笔记

❶**心理描写**
通过对郦商心理活动的描写，刻画了一个见利忘义、老谋深算的人物形象。

❷**动作描写**
士兵不约而同地表示愿意效忠刘氏，说明吕氏夺权不得人心。但从另一个方面说明吕氏失去兵权，大势已去，这些士兵也只有这一条路可走。

注释

朝不保夕：早晨难保晚上不会发生变化，即顾得了早上，顾不了晚上。形容处境十分困难。

精华赏析

　　"见利忘义"是一个贬义词，这是毫无疑问的，但在这个历史事件中，则不可妄下定论。郦寄协助刘氏巩固政权，算是明辨是非。东汉史学家班固认为郦寄不算是见利忘义。

延伸思考

　　1. 文章中"见利忘义"指的是谁？为什么？
　　2. 周勃为什么能说服郦商协助自己擒获吕禄？
　　3. 你怎么看待郦寄的行为？

相关评价

　　故事开篇先交代清楚了历史背景，在这样的背景之下，郦寄的行为是值得褒？还是需要贬？不同的角度能得到不同的答案。郦寄在出卖朋友上是忘了朋友义气，但在国之大义上，他的行为又是值得肯定的。

金石为开

名师导读

　　金石指的是金属和石头，比喻最坚硬的东西。连金石这样坚硬的物体都被打开了，这形容了一个人心诚志坚，力量无穷。让我们一起来看看与这个成语相关的故事吧。

　　汉朝的飞将军李广的一生充满传奇经历，他精通韬略，善于用兵，且作战英勇，但由于机遇不佳，每次出兵总是因意外变故弄得无功而返。

　　①李广治军别具特色，部队宿营时从来不派人警戒，而且从来没有发生过意外。

　　在带兵打仗的过程中他几次遇险，但都安全脱身了。

　　有一次，他带领着百十名骑兵不巧与匈奴几万骑兵遥遥相望。士兵心中恐慌，准备飞马回营。李广说："别跑，匈奴的马快，而且他们箭法精准。如果我们逃跑，匈奴就会从身后放箭，那么我们一个都活不了。"

　　李广说完就命令士兵下马休息。士兵们东躺西卧，看着很是惬意。匈奴大军远远望见汉军这般模样，怀疑有大军埋伏，不敢进攻。这样僵持到天黑，李广带领士兵安然撤退。

　　又有一次，李广受伤被俘。匈奴用两匹马扯起丝网，让李广躺在网上。李广醒来，飞身跃起，抢了一匹马疾驰而去。②匈奴将领被他的神勇吓呆了，想不通这个重伤的将军还能有这么大的力量。

❶叙述

　　李广不派人警戒这一看似怪异的行为，实际上彰显了他杰出的军事才能。

❷侧面描写

　　通过匈奴将领们的反应，侧面表现了飞将军李广的神勇和传奇性。

李广虽然侥幸脱身，却因为战役的失利而被免去将军一职。

还有一次，李广夜间行走，被一个巡逻的军官抓住，要对他进行拘押审查。

李广打出将军的旗号，企图吓住对方，说："我过去做过将军。"

军官不买账，讽刺说："你就是现任将军也不行，犯夜就得拘押，更别说什么前任的将军了。"

于是，李广被关了一夜。

❶叙述⋯⋯⋯⋯

军官拘押李广是在履行自己的职责，李广却公报私仇，甚至取人性命。

①不久，李广官复原职，他将那位关押过他的军官调到帐下，然后借故将这位严明执法的军官杀掉，算是报了曾被关押的仇。这件事说明李广心胸狭窄。

汉代刘歆所著《西京杂记·卷五》记载：

❷动作描写⋯⋯⋯⋯

详细描述了李广射虎的情形，生动形象，令人如临其境、如见其事。

李广一个人出去打猎，运气不佳，跑了一整天，不要说大动物，连狐狸、野兔都没发现。黄昏时分，他慢慢悠悠地回营，走着走着，猛地抬起头来，见几百步之外的草丛中卧着一只猛虎。②于是他精神大振，取出强弓，搭上羽箭，拼足力气将弓拉得如同一轮满月，一箭射向猛虎。

他静静观察了一会儿，想待虎死之后，再去收拾猎物。等了好一阵子，仍不见动静。李广觉得奇怪，他没见过猛虎中箭后毫不挣扎就死去的情形。于是他走进草丛，仔细一看，原来箭被射入一块巨石之中。这下他惊呆了，不相信自己能箭穿硬石。

他转身回到原处，再次射巨石，连射几箭，都是箭头崩碎，箭杆折断，巨石毫无损伤。

❸语言描写⋯⋯⋯⋯

扬雄的分析照应上文，同时深化主题，点明主旨。

这件事流传很久，从汉初流传到汉末。③有人问大学问家扬雄这到底是怎么回事，扬雄说："如果一个人诚心实意，即使像金石那样坚硬的东西也会为之而开的（至诚则金石为开）。"

精华赏析

　　故事中李广的治军特色与几次遇险脱身，充分说明了他的勇猛与军事才能，不过他免职后被拘，以及复职后的报复，又说明了他的残忍和狭隘。

延伸思考

　　1.李广后来又尝试将箭射进巨石，为什么没有成功？
　　2.结合李广的几个故事，谈谈你对他的看法。

相关评价

　　本文对李广的一系列语言描写，展现出了李广的卓越才能。而李广箭穿巨石的故事告诉我们，只要全力以赴、内心坚定，再难的事情也有可能办到。

井底之蛙

名师导读

在井底之蛙的眼中，整个世界就只是井口那么大的一块地方。"井底之蛙"用来比喻见识短浅的人。

❶叙述

青蛙独自生活在井底很久，它没有机会见识到外面的世界，这是它眼界狭小的原因。

❷语言描写

对青蛙来说，井底的空间和资源是很充足的。它在这里生活得怡然自得，完全没有要出去了解世界的想法。

①一只青蛙住在一口井里，它无忧无虑，自得其乐，独占一块地方生活了很久。它只知道井底这一小块天地：井口上有块小小的天空，射进一缕光线，周围任何细微之处有些什么，它都知道得清清楚楚。至于井外的世界有多大，它一点也不了解，只以为这井底就是整个世界。

一天，青蛙忽然看见井口上出现一只大鳖——这只大鳖来自东海——于是青蛙便同大鳖闲聊起来。大鳖对青蛙生活在井底感到很奇怪。②青蛙便向它夸口道："喂，大鳖，你瞧我住在这里多么好啊！这里有蓝天，有阳光，有一汪水，还有柔软的淤泥，我生活得非常快乐。我可以自由自在地跳来跳去，周围宽敞得很，不用担心碰到头。累了，我可以安安静静地在井壁石洞里休息。如果我想游泳，这里有足够的水，全身可以舒舒服服地泡在水里。休息够了，我可以在柔软的稀泥中散散步，踱来踱去。你看，附近那些小蝌蚪啦，小螃蟹啦，哪一个能比得上我呢？我在这里逍遥自在，无比快乐！你为什么不来参观我这方天地，下来畅游一下呢？"

大鳖听了青蛙的话，立刻产生了好奇心，便想到井底去看一看，可是它左脚还没有伸进去，右脚就被井口卡住了，进退不得。它只好慢慢退回去，站稳四脚，问青蛙："喂，朋友，你见过大海吗？"青蛙愣住了，对于什么叫大海，它是连听也没听说过。于是，大鳖就简单地把大海的情况告诉给它。

大鳖说："海之广，何止千万里；海之深，何止千万丈。怎么才能使你明白呢？^①这样说吧，古时候，一连许多年闹水灾，洪水不断流入海里，可是海水并不因此增长多少；后来又一连许多年大旱，地都晒得开裂了，可是海水并不因此减少一点儿。你说，生活在这样的大海里，是不是算得上真正的快乐呢？"

青蛙瞪大了眼睛，吃惊得说不出话来。

❶举例说明⸱⸱⸱⸱⸱⸱⸱⸱
　　大鳖列举了洪涝和干旱时大海不受影响的例子，生动地说明了大海的宽广无垠。

精华赏析

　　世界很大很精彩，我们要积极地探索、认识，拓宽自己的见识和眼界。这种探索不仅仅指周游世界，还包括精神的塑造和学识的积累等方面。井底之蛙就只是在狭小的井底经历生老病死，如果它走出去，则会有不一样的人生。

延伸思考

1. 在青蛙看来，世界是什么样子的？
2. 大鳖是怎样向青蛙介绍大海的？
3. 井底之蛙给了你什么样的启示？

相关评价

　　故事中以青蛙和大鳖做对比，以井底和大海做对比，体现出了眼界的重要性。故事情节以小动物的对话描写推动，显得生动活泼，让人印象深刻。

机不可失

名师导读

　　李靖率军攻打蜀郡,蜀郡守将萧铣凭借着长江三峡险峻的地理形势,根本不把来敌放在眼里。李靖率领军队抓住对方放松防守的机会,强行渡过长江……

❶叙述

　　交代了故事发生的背景,引出下文。

　　①公元 621 年,高祖李渊为了平定天下,委派将军李靖担任行军总管兼行军长史,统率大队兵马去攻打蜀郡的萧铣。蜀郡山高路险,更有陡峭的长江三峡天堑,易守难攻。李靖认真分析了敌我双方的形势,迅速决策,很快做好战斗准备。不久,浩浩荡荡的大军雄赳赳地向蜀郡进发。

　　这时,正值凄凉深秋,长江汹涌澎湃,飞泻直下,三峡水流湍急,险恶恐怖。蜀郡的探子得到李靖大举进攻的情报,急急忙忙赶回蜀郡向萧铣报告。萧铣大吃一惊,继而哈哈大笑,向部将说道:②"眼下秋色潇潇,寒气逼人,谅他李靖几十万兵马也飞不过长江!再说三峡险峻,山高路陡,他纵是神通广大,也难免葬身鱼腹。我想李靖不过是虚张声势罢了,不必多虑。"经萧铣这么一说,部将们也都放下心来,放松了防守。

❷语言描写

　　既交代了李靖渡江的困难,也表现了萧铣的自以为是。为后文故事发展埋下伏笔。

　　九月,李靖率领三军经过长途行军,来到长江边。只见江水横溢,白浪滔天,其势如千军万马,奔腾咆哮,令人心惊胆战。有位将领见此情景,便向李靖建议说:"江水

注释

心惊胆战:形容十分害怕的样子。战:通"颤",发抖。

泛滥，三峡险峻，战士们渡江一定十分困难，依我看，不如等江水退了，我们再打过江去。"

李靖站在高处，面对滔滔江水有力地挥着手，语气坚定地说：① "现在一定要渡过江去，打他个措手不及！要知道，兵贵神速，机不可失。我们突然来到这里，萧铣一点儿也不知道。他以为我们被江水阻隔，不会马上进攻。我们必须在他还没有调集兵马之前，趁着这江水猛涨的大好时机，以迅雷不及掩耳之势，一下子攻到城下。这才是用兵的上策。"

将领们听了这席话，个个奋勇争先。在李靖的指挥下，士兵们很快攻下夷陵，杀伤敌军数万，虏获船只四百余艘。接着，他们乘胜前进，占领江陵，直逼蜀郡。在李靖所部强大的攻势下，萧铣不得不带领部下投降。

❶语言描写·········
　　表现出李靖的足智多谋，也体现了他的果断。

精华赏析

　　"机不可失"是指好的时机不可放过，失掉了不会再来。李靖善于抓住时机，出其不意，攻其不备，最终取得了胜利。

延伸思考

萧铣听说李靖来攻，为何丝毫都不担心？

相关评价

　　文中对长江的环境描写形象生动，将江水奔腾的滔滔威势完全展现了出来。这个故事告诉我们：处事一定要果断，不能错过了大好良机。

空中楼阁

名师导读

　　财主要建新屋，可是工匠们听了他提出的要求，却哈哈大笑，扛起工具走了，他闹了什么笑话呢？

❶叙述
交代故事背景。财主富有却愚钝，为下文埋下伏笔。

　　①在很久以前，山村里有一位财主，他非常富有，但生性愚钝，尽做傻事，所以常遭到村人的嘲笑。

　　有一天，财主到邻村的一位财主朋友家做客。他看到一幢三层楼高的新屋，宽敞明亮、高大壮丽，心里非常羡慕，心想：我也有钱，而且并不比他的少，他有这样一幢楼，而我没有，这像什么话呢？于是一回到家，他马上派人把工匠找来，问道：

　　"邻村新造的那幢楼，你们知道是谁造的吗？"

　　工匠们回答道：

　　"知道，那幢楼是我们几个造的。"

　　财主一听，非常高兴，说：

　　"好极了，你们照样子也给我盖一个。记住要三层楼的房子，要和那幢一模一样。"

❷心理描写
与文章开头相照应。

　　②工匠们一边答应，一边心里嘀咕：不知这次他又会做出什么傻事来。可是不管怎样，还得照吩咐去做，大家便

各自忙开了。

一天，财主来到工地，东瞅瞅，西瞧瞧，心里十分纳闷，便问正在打地基的工匠们：

"你们这是在干什么？"

"造一幢三层楼高的屋子呀，是照您吩咐干的。"

"不对，不对，我要你们造的是那第三层楼的屋——我只要最上面的那层，下面那两层我不要。快拆掉，先造最上面的那层。"

工匠们听后哈哈大笑，说："只要最上面那层，我们不会造，你自己造吧！"

①工匠们走了，财主望着地基发愣。他不知道，只要最上面一层，不要下面两层，那是再高明的工匠也造不出来的。

❶动作描写⋯⋯⋯⋯

财主最终还是没想明白为什么要盖下面两层楼，实在是愚蠢得不可救药。

精华赏析

一个简单的小故事，却能告诉我们深刻的道理。空中楼阁不可能存在，同样的道理，任何事都要一步一步去实现。一步登天是不实际的，只有慢慢积累，才能实现最终目的。

延伸思考

1. 工匠们为什么理解错了财主的建楼要求？
2. 财主没明白为什么工匠们拒绝给他盖楼，请你告诉他原因。
3. "空中楼阁"的故事告诉我们什么道理？

相关评价

文中对财主的语言描写活泼有趣，寥寥几句便将一位愚昧财主的形象刻画而出。故事虽简短，但很好地表达出了中心主旨。

口蜜腹剑

名师导读

"口蜜腹剑"出自《资治通鉴》,原文为:"世谓李林甫'口有蜜,腹有剑'。"口蜜腹剑,用来形容"两面派"的狡猾阴险。李林甫是何许人?为什么人们说他是"口蜜腹剑"呢?

❶叙述

设置悬念,引出下文。

❷语言描写

李林甫善于察言观色、巧言逢迎,几句话就赢得了皇帝的好感和信任。另外有一个细节需要注意,他是在皇帝背后说的,这样做既不得罪大臣,又可以讨好皇帝,其阴险狡猾可见一斑。

生活中有这样一种人,他们表面上满是笑容,内心却是像藏有一把刀那样凶狠。所幸,这种人毕竟是极少数。①如果把从古至今的这类人集中起来进行评比的话,最有实力争得第一名的当推唐玄宗晚期时的宰相李林甫。

这个李林甫非常有心机,他做官不久便结识了时任宰相源乾曜的儿子。就是靠着这种关系,李林甫从国子监司业很快被提拔为御史大夫;接着又调任为吏部侍郎,成为主管文官任免的官员。此时,他已然大权在握。一次,李林甫主持文官升迁事宜,宁王私下里请他给自己的十个亲信提级。李林甫满口答应。他给其中的九个人升级,只将其中一人降级处理。事后,他对宁王解释说:"这样一来显得公平;二来等我的官做大了,一定会为他安排更好的位置。"不久,李林甫便被任命为宰相,成为主宰百官进退的一人之下,万人之上的显官。

736年,唐玄宗准备从洛阳返回长安,有大臣劝阻说:"现在庄稼还未收割,皇帝回去,势必要大队仪仗行动,恐怕踏坏农田,不如春天再回去好!"

唐玄宗听了非常生气。②这时李林甫在背后对唐玄宗说："陛下尽管回京，不必去计较什么损失。至于踏坏庄稼，免农户的租税不就行了嘛，何必非要等到春天。"唐玄宗听了李林甫的话，觉得既入耳又顺心，对他更加信任了。

①李林甫在朝中有一个敌人，那就是另一位宰相张九龄。他将张九龄视为眼中钉、肉中刺，不久便用阴谋手段将张九龄排挤掉了。这样，李林甫又升为中书令。

李林甫曾为自己修筑了一座月牙形建筑，名为"月堂"。每次要陷害贤臣兴起大狱时，他都要在这"月堂"里密谋。当他面带笑容从"月堂"里走出来的时候，总会有不少人被他害死。他害得人太多了，自己也不免内心恐慌。有时夜间睡觉，他都要换几个地方，弄得他家里人都不知道他夜里睡在何处。

按惯例，唐代的宰相都是由功勋卓著、德高望重的人来担任的，他们出入都轻装简从，为的是易于接近百姓。②李林甫拜相后则一反常规，每次出入都有几百名护卫为其开路。百官在路上与他相遇，都吓得躲得远远的。

李林甫对人表面十分和善，说话也让人喜欢，但背后却杀人不眨眼。人们看清了他的真实嘴脸，便评价他是"口有蜜，腹有剑"，好话说绝，坏事干尽，结果是留下了千古骂名。

①叙述
加深人物性格色彩，表现出李林甫的狠辣。

②叙述
出行的大场面反映出李林甫的势力很大，目空一切，也表现了他内心的恐慌惊惧。

精华赏析

李林甫玩弄权术，陷害忠良，以致留下千古骂名。即使官至宰相，他也不能获得内心的安宁，只能永远生活在惶恐之中。"口蜜腹剑"非常准确、生动地描述了李林甫的形象。

延伸思考

举例说明李林甫是个"口蜜腹剑"的"两面派"。

相关评价

通过其他大臣和李林甫的对比，体现出了李林甫的心机深沉。为了讨好皇帝不顾百姓收成，说明他的冷血自私。故事寓意发人深省，值得人们引以为戒。

口若悬河

名师导读

"口若悬河"形容能说会道，说起来没完没了。这个成语是用来赞美好口才的。下面让我们来了解一下这个成语背后的故事吧。

西晋初年，文坛上活跃着许多有作为的作家和学者，其中被称为"竹林七贤"之一的向秀就生活在这个时代。

①向秀在思想上推崇老庄，行为也与之极其相似。他不追求名利，不受当世礼节的约束，十分崇尚自然。平时他总与思想情趣一致的好友饮酒作诗，游山玩水，纵情于山水之间，很少与高官显贵来往。

西晋时期，为《庄子》一书作注的人很多，据说已不少于十几家。但向秀读了这些著作后都不大满意，认为这些都远远没有阐发出庄子思想的精髓。于是向秀有心从思想、韵味上弘扬庄子的学说。

②一日，向秀将自己的这一想法跟当时的另一位大学者嵇康说了，征求嵇康对他这一想法的意见。嵇康明确地表示他并不同意向秀的做法，他对向秀说："这部书不需要注解，你的做法会影响读者领略书中的神趣。"

向秀没有采纳嵇康的意见，依然埋头注释《庄子》。

向秀的注释将庄子的思想表述得非常到位，他将以往人们没有发现的妙思奇趣发挥得酣畅淋漓，以至于在当时引发了一股人们争相阅读《庄子》的热潮。

可惜的是，向秀的这项工作还没有完成便不幸逝世

①叙述

向秀在思想和行动上都很崇尚老庄，这是下文他能够成功注解《庄子》的重要原因。

②叙述

向秀没有盲目听从嵇康的意见，坚持创作，说明他是个有独立思考能力的人。

了。他的儿子当时还很年幼，不懂继承父志，向秀的成果便被郭象窃取了。

①郭象发现向秀对《庄子》一书的注释，还有《秋水》和《至乐》两篇没有完成，而《马蹄》一篇没有写好。于是郭象将全部书稿拿来，重新整理了一遍，又以自己的名义抄出，这使郭象的声名越发响亮。

郭象的学问确实不差，人也十分聪明，并且也很好学，但他的人品确实不敢恭维。尽管如此，他年轻的时候就小有名气了，现在加上《庄子》一事更是声名大噪，下一步就是去争取官职了。

当时还不曾实行科举制度，谁要想做官，除了依靠高贵的出身，就是贵亲举荐。这两条路走不好，一辈子就与做官无望了。

郭象有了名气，便有州县官员来征郭象做官。②郭象一看，征他做的官都只是些州县级的官员，他嫌职务低，不肯应征，并做出清高的姿态，每天只是读读书、评论评论以往碑文的得失。这种做法迷惑了不少人，甚至连王衍那样的大官也被他的假象蒙蔽了。

一次，郭象与王衍闲聊，他们无所不谈，什么天文地理、诸子百家、行兵布阵、治乱兴亡，郭象都说得头头是道。王衍本来口才就好，又是当时一流的学者，听了郭象的谈话也禁不住赞叹说："听郭象说话，就像山涧流下的溪水一样，永不枯竭（听象言，如悬河泻水，往而不竭）。"

❶叙述

郭象窃取向秀的成果，为自己赢得声名，实在是为人所不齿。这在学者中是一件耻辱的事情。

❷叙述

郭象心高气傲、虚伪势利。他想走上仕途，却又嫌官职小不肯接受，还装出一副清高孤傲的样子。

精华赏析

　　文章中介绍了两个人物，即向秀和郭象。郭象窃取向秀的成果，为人虚伪、势利。作为文人，才华固然是很重要的，但人品也不可忽视。

延伸思考

　　1. 向秀注释《庄子》获得成功的原因是什么？
　　2. 郭象是怎么窃取向秀的劳动果实的？
　　3. 请你评价一下郭象。

相关评价

　　故事中的向秀和郭象对比鲜明，从待人处事和对学问的态度上，都能看出两人的截然不同。向秀能够不受他人影响，坚定不移地一心投入学问，无疑是值得人敬佩的。

胯下之辱

名师导读

　　"胯下之辱"指从别人胯下爬过去的耻辱。你能想象历史上赫赫有名的韩信，年轻时竟然也受过胯下之辱吗？这到底是怎么回事呢？让我们一起去看看吧。

❶叙述

　　交代当时的历史背景，以及真实的社会环境。

①战国时期，最容易施展抱负、出人头地的有两种人：一种是有一套行之有效的富国强兵办法的人，这种人一旦得到国君的信任，马上就会由平民百姓变成权势显赫的大臣，如苏秦、张仪、范雎、商鞅等；还有一种是善于用兵的人，他们一旦被任命为将军，立即大展宏图，成为千秋名将，如孙武、乐毅等。

　　受这种风气的影响，西汉开国功臣韩信从小就喜欢读兵书，他对《孙子兵法》一书的理解有着万人不及的独到之处。然而，这种知识只能用于指挥打仗，从事其他行业是派不上用场的。韩信梦想着有朝一日能登坛拜将，立下赫赫战功。②韩信在从军之前穷困潦倒，但他觉得作为未来的将军，必须要有个将军的样子，所以出门时，有意无意之中，总要佩带利剑，尽管他的剑法并不出色。

❷叙述

　　韩信剑术不精还随身佩带利剑，为下文他被无赖拦住遭受胯下之辱作铺垫。

　　一天，韩信心里有点儿烦闷，于是到酒馆喝酒。他的酒量不大，几杯下去便有了几分醉意，正是"举杯消愁愁更愁"。韩信从酒馆出来，面带醉意，走路摇摇晃晃，有点站不稳。他转过小街，被一个无赖迎面拦住。无赖双腿叉开，两臂抱着肩膀，一副蛮横无理的样子对韩信说："瞧你个头不小，还带着宝剑，你敢与我比试剑术吗？"

①韩信抬头看看对方，觉得无赖可能精通剑术，自认没有必胜的把握，况且动起手来，不死即伤，太不值得，便摇摇头，说："我剑术不行，不用比我就知道肯定不是你的对手。"

无赖说："你剑术虽然差些，杀人你会吧？我不还手，你把我杀了吧。"

韩信说："我与你素不相识，又无怨无仇，我杀你干吗？"

无赖说："看你个头不小，胆儿却不大，连杀人都不敢。那么你从我的胯下钻过去，不然，今天没完。"

这时，路上行人纷纷围过来看热闹。②韩信捏住剑柄，怒视无赖。转念一想，大丈夫能屈能伸，何必与小人计较。于是韩信不顾看热闹的人的嘲笑，强忍胸中怒气，从无赖胯下钻了过去。然后，头也不回地走了。

❶叙述
　　韩信遭到无赖的挑衅，权衡利弊后他拒绝了比试的要求。说明韩信心思缜密、沉着稳重，并非鲁莽之辈。

❷心理、动作描写
　　彰显了韩信能屈能伸的大丈夫气度。

精华赏析

　　一味地逞强好胜是莽夫的行为，审时度势，能屈能伸方是大丈夫所为。韩信可以选择与无赖大打出手，但这样做的话，历史上叱咤风云的韩信可能就变成了与无赖斗殴的刀下鬼。有时候，忍耐并不代表懦弱，而是另一种胜利。

延伸思考

　　韩信剑术不佳，为什么还好佩戴利剑？

相关评价

　　文章点明社会风气，对韩信和无赖进行对话描写，简单明了地阐述出了不能一味逞强的道理，也体现出韩信的卓尔不群。

L

乐此不疲

名师导读

"乐此不疲"形容对某事特别爱好而沉迷其中，也说"乐此不倦"。成语出自《后汉书·光武帝纪》："我自乐此，不为疲也。"到底是什么令光武帝废寝忘食，不知疲倦呢？

❶叙述

刘秀自小就养成了吃苦耐劳的品格。这种品格使得他终身受用。

❷叙述

体现刘秀严于律己、爱国爱民的品格。

汉光武帝刘秀是个勤奋刻苦的人，无论是在戎马倥偬的战争年代，还是在天下太平的和平时期，他都勤奋工作，努力办事，为大臣做出榜样。①据说刘秀是个孤儿，由伯父抚养长大，他从小就养成了勤劳刻苦的好习惯，天一亮就起来劳作读书，毫不懈怠，一直到晚上很晚才睡觉。他特别喜爱耕田种地，干起活儿来劲头十足，非常认真。

后来刘秀率领军队南征北战，仍旧保持着勤勉办事的作风，经常同将士们一起冲锋陷阵，与谋臣们一同运筹帷幄，往往通宵达旦，废寝忘食，很能吃苦。

②刘秀当了东汉皇帝后，工作更为紧张繁忙。由于多年战乱刚刚平息，国家百废待兴，天下百姓盼望安定，刘秀把工作重点转到发展生产，使人民安居乐业上，每天和大臣们忙于工作，绝不提战争的事。有一次太子向他请教关于战争的问题，刘秀回答说："有一次，卫灵公问孔子如何

攻战，孔子说，祭祀和礼仪方面的事，我经常听人说起，而率军作战的事，我却一点儿也不懂。你看，孔子是多么关心治国的事，你也应该这样，不要研究有关战争的事。"

①东汉建立以来，刘秀每天亲自处理朝政，工作十分刻苦。从天亮上朝问事，一直到天黑才回寝宫。有时他同朝中文武大臣讨论治国方针，制定政令制度，往往半夜才能睡觉。太子见刘秀忙于朝政，勤劳不怠，十分关心他的身体健康。有一次，刘秀正在休息，太子大胆劝谏刘秀："父皇，像您这样勤政为民，可说是有了大禹、汤武那样贤明的品格，但是却没有黄帝、老子那样的修身养性的长寿之道，希望您爱惜身体。您的身体健康，也是天下百姓之福。"刘秀听后哈哈大笑，说："我自己乐于这样做，习惯了，一点儿也不觉得疲劳啊（乐此不疲）！"太子听了，深受感动。

❶叙述

当上皇帝的刘秀依然兢兢业业地工作，对于国家建设也很有能力。

精华赏析

兴趣是成功的前提，我们应重视兴趣和理想对成功的促进作用。刘秀带给我们的另外一点启示就是：好习惯受益终身。刘秀的成功与他的勤奋努力和吃苦耐劳的品质是分不开的。

延伸思考

1. 刘秀对什么"乐此不疲"？
2. 刘秀当上皇帝后，是怎样治理国家的？

相关评价

故事中对刘秀大到南征北战、小到耕田种地的叙述，无不说明了刘秀做事的认真。这则故事告诉我们：无论事大事小，都需要全身心投入其中。

蓝田生玉

名师导读

"蓝田生玉"旧时比喻贤父生贤子，现在比喻名门出优秀弟子。成语出自《三国志·吴志·诸葛恪传》，蓝田生玉是孙权夸赞诸葛恪的话。当年的诸葛恪只有六岁，这么小的孩子为什么会赢得孙权这个大人物的赞誉呢？

大家都知道《三国演义》中诸葛亮和诸葛瑾是兄弟。其实，他们还有一个堂弟诸葛诞，在当时也挺出名。

然而，兄弟三人是各事其主：诸葛瑾在吴，诸葛亮在蜀，诸葛诞在魏。诸葛诞在魏国曾因起兵讨伐司马昭，被司马昭所杀。①而诸葛瑾、诸葛亮虽为同胞兄弟，但在代表各自国家出使他国时，两人只在外交公开场合相会，不作私人往来，人们都称颂他们的忠贞气节。

在诸葛家族中，还有一个历史地位并不那么突出，在当时却小有名气的晚辈，他就是诸葛瑾的儿子诸葛恪。

②诸葛恪，字元逊，他从小就机敏过人，惯于结交，善于言辞，颇有其父叔之风。他的父亲深受孙权重用，官至大将军。他又少年英才，自然也深得孙权的喜爱。

有一次，孙权狩猎归来，打了两只鹿，便在家中摆下宴席，请几位近臣来尝野味，其中还特意提到让诸葛瑾把诸葛恪也带来。诸葛恪当时才六岁，听说让他参加这么热闹的宴会，自然乐意来了。在诸葛氏三兄弟中，诸葛瑾长得稍丑一些，他的脸比较长。因为这是非官方场合，邀请

①叙述

诸葛瑾、诸葛亮都是国家的重臣，却能摆正自己的位置，不越雷池一步，是难能可贵的。

②叙述

点明诸葛恪自幼机敏过人，为下文作铺垫。

的又都是近臣，所以孙权想开开诸葛瑾的玩笑。酒过三巡，菜过五味，孙权命人牵出一头披着绣锦的毛驴来，毛驴的长脸上赫然写着四个大字："诸葛子瑜。"众人见了，笑得前仰后合。诸葛恪正在啃吃一块骨头，听到笑声，抬眼一看，嘿，驴脸上怎么写着父亲的姓氏表字？忙放下骨头，擦擦油手，跪下来请求吴主孙权赐笔墨，准其添写两个字。在座之人都很惊奇。孙权看着诸葛恪稚气的小脸，自然无法拒绝，心想倒要看看他玩什么把戏。

①诸葛恪持笔弄墨，让牵驴人抓紧了辔头，然后走上前，在"诸葛子瑜"四字下面添上了"之驴"二字，就变成了"诸葛子瑜之驴"。众人见此无不惊讶。诸葛恪不但为父亲挽回了面子，还得到了一头御赐的毛驴。

孙权乐不可支，忙把诸葛恪拉到身边，亲切地拉着他的手问："你父亲和你叔父相比，你认为谁更高明？"②诸葛恪眨着眼睛，显然在思考，过了一会儿他说："我觉得我父亲更高明。"孙权问他为什么，他说："因为我父亲懂得侍奉明主，将来能成就大业。"作为东吴朝臣的孩子，这样回答显然是得体的。孙权摸着他的小脸蛋说："人们都说蓝田那个地方出产美玉，少年英才出在名门，看来一点不假呀！"

诸葛恪成年后果然成为有用之才，孙权死后，他任大将军，辅佐吴主孙亮，在朝中执掌大权。

①动作描写

添字之后意思就变了，诸葛恪赢得了众人的赞许。

②语言描写

诸葛恪的回答很巧妙。表面上像是在夸赞自己的父亲，实际上却是在赞扬孙权是明君。

精华赏析

诸葛恪虽然年幼，却机敏过人、谈吐得体，显示出英才之象。他在父亲被嘲笑的时候敢于挺身而出，巧妙地为父亲解围且挽回了面子，这对一个小孩子来说是难能可贵的。他的聪明才智和一片孝心值得我们学习。

延伸思考

1. 孙权为什么要开诸葛瑾的玩笑?
2. 诸葛恪是怎样替父亲解围的?
3. 你认为诸葛恪回答孙权的问题妙在哪里?

相关评价

　　文中对诸葛恪前后的语言描写,都体现出了诸葛恪的机敏过人。对宴会上诸葛恪的行为描写,将人物机敏之外勇敢的一面描绘得生动传神。

狼狈不堪

名师导读

"狼狈不堪"一词出自《三国志·蜀志·马超传》，原文为"宽、衢闭冀城门，超不得入，进退狼狈，乃奔汉中依张鲁"。文中的"超"指的是马超。当年的马超遭遇了怎样的狼狈困境呢？

三国时期，有一位著名的将领名叫马超。他英勇善战、足智多谋，后来成为蜀汉刘备军前的"五虎上将"之一。魏军首领曹操对马超恨得咬牙切齿，却奈何他不得。

马超没有投奔刘备之前，率领自己的部队与韩遂的部队合并，同曹操作战。①在进军潼关的战斗中，有一次马超与曹操在阵前相逢，马超恨不得立刻把曹操捉来，跃跃欲试，几次想趁机冲过去。曹操的部下许褚勇猛过人，紧紧护卫在曹操身旁，瞪圆双目紧盯着马超的一举一动，使马超没有机会动手。曹操早已看出马超的用意，对他恨之入骨。由于曹军人多势众，马超这才没有轻举妄动。这场战斗之后，曹操将众多兵马集聚在一起，准备孤注一掷，渡过渭水去进攻马超和韩遂，试图将他们一举歼灭。②马超得到消息后心生一计，对韩遂说："曹军远道而来，我们在渭水北边布置阻截，困住曹军，待到他们粮草用完，就可打败他们。"可是韩遂自有主张，不肯采纳这个计策。曹操听

❶动作描写

马超几次试图擒获曹操，使得曹操对他心生报复之意。为下文作铺垫。

❷叙述

从这个计策上看，马超具有不可小觑的军事才能。可惜他的计策非但没被采用，还为他招来了更大的祸害。

注释

孤注一掷：指把所有的钱一下投作赌注，企图最后得胜，比喻在危急时用尽所有力量做最后的冒险。

说后，认为马超实在狠毒，恨恨地说："马超不死，我死无葬身之地！"于是曹操采用手下谋士的离间计，挑拨马超和韩遂的关系，使他们互相猜疑。曹军乘机进攻，把马超和韩遂打得一败涂地。

马超率领自己的部队冲出重围，可是无处安身，便攻占了翼城，杀死州官，自称征西将军，把并州和凉州的军政大权接揽过来。原州官的部下不服，纷纷起兵进攻马超。马超率领部队离开翼城去攻打卤城，受到强烈抵抗，无法攻下。待他率兵回翼城时，翼城已被原州官的部下占领，城门紧闭，使马超无法进入。马超又一次无处安身，像狼、狈一样，进退两难（狼狈不堪），只好到汉中去投奔张鲁。谁知张鲁为人平庸，马超无法与他共谋大事，心里郁郁不乐。这时马超听说刘备正率领军队在四川成都作战，就给刘备写去密信，请求归顺。刘备大喜，举行仪式，隆重地欢迎马超率部投奔。

①刘备得到马超这员虎将十分喜爱，任命他为平西将军，后又提为骠骑将军，同关羽、张飞、黄忠、赵云共为"五虎上将"。

读书笔记

❶叙述

马超辗转奔波终于寻得了明主，并得以发挥才能，最终成为五虎上将之一，实现了自己的价值。

精华赏析

马超能够成为"五虎上将"之一，与他的英勇善战是分不开的。然而从他的经历来看，机遇也是很重要的。千里马需要伯乐才能发挥自己的最大潜力，刘备就是马超的伯乐。韩遂和张鲁均未能给他提供一个展示才能的舞台，所以他屡屡受挫，以至于狼狈不堪。

延伸思考

1. 马超是如何陷入狼狈不堪的境地的?
2. 说一说马超在投奔刘备之前遭受了哪些挫折?

相关评价

　　故事中马超的狼狈不堪来源于多方面的因素,但其中最主要的一条是没有找到适合自己的位置,没有遇到能发挥他长处的人。而刘备正是这样一个人,与其他人对待马超的态度截然相反,最终成就了一名传世名将。

老当益壮

名师导读

"老当益壮"指年纪虽老但志气豪壮。东汉名将马援是个传奇人物，他用自己的行动诠释了"老当益壮"的真正内涵。

东汉时期，光武帝手下有员名将叫马援，字文渊，是战国时期赵国名将赵奢的后代。他为光武帝平定边境立下很多战功，对东汉初年的社会安定起到了重要作用。马援一生兢兢业业，年老时死在战场上。

马援从小就有远大的志向，他非常向往在边疆地区那种自由自在地策马驰骋放牧牛羊的生活。成年后，他担任扶风郡的督邮，官职不大，他十分同情受苦受难的平民百姓。①有一次，马援押送犯人到长安去，觉得犯人很可怜，于是在半路上私自把犯人释放了，因此遭到官府的追捕。马援东躲西藏，逃到边境藏了起来，他定居在此开始实现少年时代的志向。于是他开始开辟土地，放养牛羊。后来朝廷大赦天下，马援得到了赦免，这样他可以更加自由自在地进行畜牧业和农业生产，几年后就拥有了几千头牛羊，几万石粮食，成了富翁。②但是马援并不看重财富，他把所有的财物都送给亲朋好友，自己身披羊皮四处游历，边境地区的山山水水都留下了他的足迹。

王莽篡权称帝后不久被农民起义军杀死，陇西的隗嚣乘天下大乱之机起兵夺取政权。隗嚣很欣赏马援的才华，封他做高官，并同他商议军机大事。但马援深知隗嚣是无

❶叙述

说明马援是个极其善良的人。

❷叙述

表现马援钟情山水、淡薄财富的品德。

能之辈，毅然离开，投奔刘秀。刘秀早就听说了马援的大名，马援投奔他，他求之不得，立马委以重任。在马援的帮助下，刘秀大军节节胜利。

刘秀称帝后，为了消灭隗嚣的割据势力，亲自率领大军征讨陇西。谁知山高路险，人地生疏，根本无法进军。①这时刘秀招来马援，马援深知隗嚣内部不和，认为速战定能取胜。他依靠自己熟悉陇西地形的优势，为刘秀制订进军路线，提出作战计划。结果第一仗汉军就把隗嚣军队打得措手不及，接着汉军连连取胜，隗嚣的军队很快土崩瓦解，刘秀终于平定了西部地区。

之后，马援被封为太中大夫，驻守凉州。不久陇西羌人作乱，光武帝刘秀调遣马援平定陇西，封他为陇西太守。马援火速赶到陇西，顾不上休息，立刻率领三千步骑兵向羌人军队发动进攻，一举击溃羌军，缴获上万头牲畜，当晚，八千多名羌军士兵主动投降。第二天，马援率领一小队人马奔袭允吾谷，把羌军的家属和粮草全部扣押。接着他分兵两路，包围羌军主力占据的山头。他亲自率领小分队从山后攻上山顶，火攻敌军营帐。②羌军被杀得人仰马翻，仓皇逃窜。战斗中，马援腿部中箭，仍坚持战斗。十几天后，马援彻底平定了陇西，百姓纷纷返回家园，恢复生产。光武帝闻讯十分高兴，派人送来牛马赏赐马援，马援立刻把这些东西分给手下将士们。

几年后，陇右地区的羌人和塞外一些游牧部族纠集上万兵马作乱，掠夺汉人财产，屠杀百姓。马援率领四千士兵前去征讨，把羌军围困在荒山上。几天后羌军饥渴难忍，一片恐慌，除了一部分逃往塞外，其他万余羌人全部投降。马援很快平定了陇右。

不久，岭南交趾（今越南北部）地区征侧、征贰姐妹起兵造反，征侧自立为帝，南方几个地区纷纷响应，攻下

❶叙述

马援根据对方的弱点结合对地形的了解，制订了正确的作战计划，表现了杰出的军事才能。

❷叙述

刻画出了马援刚毅坚强、英勇过人的形象。

六十几座城镇。马援被光武帝封为伏波将军，率领大军乘海船抵达交趾。他分兵两路，在浪泊地区大败敌军，俘虏近万人。接着马援乘胜追击，几天后就平定了岭南地区，抓获征侧、征贰姐妹。光武帝接到捷报，十分兴奋，封马援为新息侯。①马援十分不安，犒劳全体将士，对他们说："小时候，我弟弟曾对我说，只要有衣有食，能得到乡亲称赞就行了，不要苦苦追求功名富贵。我觉得他说得很对。今天我能封侯，全仗着你们的浴血奋战，我感到又喜又愧。"全体将士都被他居功不傲的品格所感动。

❶语言描写

写出马援淡泊名利的品格。

马援六十二岁时，汉军去平定武陵之乱，结果全军覆灭。马援向光武帝请求出战，光武帝劝他说："你征战无数，年纪大了，不要再出征了！"②马援说："我不算老，披甲上阵易如反掌！"光武帝深为感动，令他率领四万大军征讨武陵。此时正是暑天，骄阳似火，敌军守住山头，居高临下；汉军的船只被急流所阻，久攻不下。许多官兵中暑，军营疾病流行，马援也病倒了，但他仍坚持指挥作战。由于马援没有采纳另一名部将的意见，那名部将便报告朝廷，诬陷他指挥不当。朝廷派人来调查时，马援已病重去逝。

❷语言描写

马援主动请战，表现出老当益壮的英雄气概和保家卫国的责任感。

马援死在疆场，实现了平生的愿望。他生前常对朋友说："大丈夫要有志气。越穷困，志气越要坚定。年老了，志气更要雄壮（老当益壮）！"他老当益壮、智勇刚强的精神为后代所景仰。

精华赏析

马援的一生是充实的、完满的，他实现了自己自由放牧和驰骋沙场的愿望。他志向远大，智勇双全，更可贵的是他有一颗不服老的心，为国家安定奉献一生。他不贪图名利，虽战功显赫却不居功自傲，值得敬仰。"老当益壮"的英勇气概更是令人敬佩。

延伸思考

1. 马援的理想和抱负是什么？
2. 马援有哪些高贵的品质？
3. "老当益壮"的马援对你有哪些启示？

相关评价

故事中马援的行事、语言都极具特色，体现出马援谋略过人的同时，也将他悍勇刚强的一面刻画得淋漓尽致。对马援征战的细节描写，更是十分传神地展现出了他的人格魅力，叫人肃然起敬。

明察秋毫

名师导读

"明察秋毫"指眼睛可以看到很细小的东西。形容目光敏锐，能洞察一切。出自《孟子·梁惠王上》："明足以察秋毫之末。"

❶语言描写

孟子不直接回答如何称霸，却大谈以德治国。

❷语言描写

孟子通过举齐宣王不忍杀牛来证明他是有善心的君主，这种道德可以统治天下。

孟子游说齐国，齐宣王向他询问春秋时齐桓公和晋文公如何称霸。①孟子没有直接回答齐宣王的问题，而是大谈如何用道德的力量来统一天下。齐宣王不解地问道："用怎样的道德才能统一天下？"

孟子回答说："百姓的生活安定了，天下才能统一，这是什么力量都抵御不了的。"

"像我这样的国君，可以使百姓生活安定吗？"

"可以。"

"你凭什么知道我可以呢？"

孟子对齐宣王说：②"有一次，新钟铸成，要杀牛祭钟，你不忍杀一条发抖的牛，这样的善心就足以统一天下了。"

孟子接着又说："有人向大王报告说，'我力大无比，可举起三千斤重的东西，却拿不起一根羽毛；我能把秋天鸟兽新长的绒毛的末梢看得清清楚楚，却看不见眼前的一车柴草'。您相信这话是真的吗？"

"当然不相信。"齐宣王马上回答说。

"您的好心使禽兽沾光，而不能使百姓得到实惠。这到底是什么原因呢？①其实，举不起一根羽毛，是不用力气的缘故；没见到一车柴草，是没用眼睛去看的缘故；百姓得不到安定的生活，是您不愿施恩惠的缘故。所以，您不用道德来统一天下，是您不愿意这样做，而不是不能这样做。"

❶类比

说明用道德统治天下是可行的，只要齐宣王愿意去做就一定会有成效。

精华赏析

这篇文章最大的亮点是孟子的论辩技巧。他论述问题先从侧面、远处、外围入手，逐渐引向主旨，形成了迂回曲折、波澜起伏的论辩风格。本文意在宣扬王道，却不直言王道，而以齐宣王问齐桓、晋文之事发端。辩词广设譬喻、引经据典、文采斐然，又极具说服力。

延伸思考

1. 孟子为什么不直接回答齐宣王的问题，而是大谈以德治国？

2. 孟子举羽毛和柴车的例子想要说明什么道理？

3. 孟子从齐宣王不忍杀牛祭祀这样的小事入手谈论德治，有什么好处？

相关评价

故事中孟子和齐宣王的对话描写，体现出了孟子的机智善辩。孟子看待事物的独特角度，让人不由眼前一亮，不禁为孟子的言论心生信服，可见孟子的才华非凡。

毛遂自荐

名师导读

"毛遂自荐"比喻自告奋勇，自我推荐。故事的主人公毛遂，起初只是赵国平原君门下一个默默无闻的门客，他是怎样使自己得以崭露头角的呢？

战国时期，赵国平原君赵胜门下养了许多门客，他们为赵国的政治军事出谋划策起了很大的作用。门客之中有一位叫毛遂，已经在平原君家住了三年，但一直默默无闻，无所作为，平原君并没有注意过他。

有一年，秦国大军包围了赵国的都城邯郸，赵国情势非常危急，赵王命令平原君前往楚国请求援救。平原君挑选了十九名能文能武的门客，准备出发。①这时，一向默默无闻的毛遂突然来见平原君，自告奋勇要求随同平原君到楚国去，门客们都愣住了。

平原君见毛遂自我推荐，不以为然地说："一个人如果有贤德和才能，那么很快就会显露出来，好比锥子放进口袋，锥尖立刻露到外面。你在我家三年，未有什么表现，可见能力不行啊！"毛遂笑着说："如果您以前允许我出谋划策，我的才能早就显露出来了。现在为时不晚，只要你带我去，一定会用得上我！"平原君见他说得有理，只好让他随着自己出发。

平原君到了楚国，楚王隆重接待了他们一行。②谈判开始后，平原君说明来意，同楚王商议联合出兵抗击秦军

❶叙述

一个平时默默无闻的人忽然自告奋勇去参加如此重要的任务，的确出人意料。他能否得到这个机会呢？设置悬念。

❷叙述

平原君一行的求援计划陷入困境。为下文作铺垫。

的大事，可是楚王东拉西扯、吞吞吐吐，总是谈不到正题上。从早晨谈到中午，还没有结果。平原君非常着急，因为秦军已经兵临城下，赵国随时有亡国的危险。

这时，①只见毛遂怒气冲冲地走到楚王面前，一手提着利剑，一手毫不客气地拉住楚王的衣服，使楚王无法回避。接着，毛遂振振有词，一条一条讲出楚国出兵与赵国共同抗秦的利害关系。他说的话慷慨激昂，道理明白，令人信服。楚王被他的气势震慑住了，非常佩服，不但没有责怪他无礼，反而赞许他的勇气。这样，楚王立刻答应同平原君签订盟约，出兵抗秦，援救赵国。

①动作描写⋯⋯⋯
表现出毛遂的机敏和勇敢。

平原君对毛遂的表现非常赞许，十分敬佩他的才干。事后，平原君拉着毛遂的手，夸奖他说："先生的三寸不烂之舌，胜过百万大军！"从此，平原君对毛遂刮目相看，敬若上宾。

精华赏析

虽然说"是金子总会发光"，但被动地等待机会则很可能被永远埋没。毛遂自荐的故事告诉我们，要积极地寻找机会，为自己争取一个展示才华的舞台。当然，成功的前提是你要有真才实学，不然就算争取到了机会也逃脱不了被淘汰的命运。

延伸思考

1. 毛遂在平原君家待了三年，为什么一直默默无闻？
2. 毛遂是怎样说服楚国出兵救赵的？
3. 毛遂自荐的故事给了你什么启示？

相关评价

　　故事中毛遂的自荐之言，以及面对楚王时的一系列动作，都体现出了毛遂是个有真本事的人。这更好地说明了毛遂前期被埋没并非才干不够，而是缺乏一个机会，表达了不能一味谦虚，而应主动抓住机会的道理。

门庭若市

名师导读

　　"门庭若市"出自《战国策》，原文为"君臣进谏，门庭若市"。这种盛况出现在齐威王采纳了邹忌的建议之后。那么，邹忌究竟提了什么建议？这个成语的背后又有一个怎样的故事呢？

　　战国时期，齐国有一位名叫邹忌的人长得很英俊。有一天早晨，他穿好朝服，戴好帽子，对着镜子端详一番，然后问他的妻子说：

　　"我和城北的徐公比起来，谁长得英俊？"

　　"你英俊极了，徐公怎比得上你呢？"妻子说。

　　徐公是齐国出名的美男子。邹忌听了妻子的话，并不太敢相信自己真的比徐公英俊，于是他又去问他的爱妾。爱妾回答说："徐公怎能比得上你呢？"

　　第二天，邹忌家中来了一位客人，邹忌又问客人，客人说："徐公哪有你俊美呀！"

　　①过了几天，正巧徐公到邹忌家来拜访，邹忌便乘机仔细地打量徐公，拿他来和自己比较。结果，他发现自己没有徐公英俊。于是他想："妻子说我英俊，是因为偏爱我；爱妾说我英俊，是因为惧怕我；客人说我英俊，是因为有求于我，所以他们都不愿说出真话来。其实，我实在没有徐公英俊啊！"

　　接着，他从这件事联想到齐威王身为一国之君，所受到的蒙蔽一定更多。第二天早朝，他就把发生在自己身上

①叙事

　　说明邹忌自信而不自负，有实事求是的精神。

的事说给齐威王听，并劝谏说："现在齐国地方千里，城池众多，大王接触的人比我多得多，所受的蒙蔽也一定更多。大王如能开诚布公地征求意见，一定对国家有益。"

齐威王听了觉得很有道理，立刻下令说："无论是谁，能当面指出我过失的，给上赏；上奏章规劝我的，给中赏；在朝廷或街市中议论我的得失，并传到我的耳中的，给下赏！"

❶命令一下，前去进谏的群臣，一时川流不息，朝廷门前每天都像市场一样热闹（门庭若市）。

❶叙述

说明邹忌的推断没有错，朝廷确实有很多齐威王不知道的问题。

精华赏析

邹忌以自身经历对齐威王进行类比，从而得出直言不易的道理，劝谏齐威王纳谏除弊。这个故事明确说明了这样一个道理：一个人在受蒙蔽的情况下，是不可能正确认识自己和客观事物的。我们要时刻保持清醒的头脑，不要偏听偏信，而应广泛听取他人的批评意见，对于奉承话要保持警惕。只有这样我们才能及时发现和改正自己的缺点错误，不犯或少犯错误。

延伸思考

1. 邹忌的妻妾和客人为什么说邹忌比徐公俊美？
2. 齐国朝廷为什么会出现门庭若市的进谏盛况？
3. 你从这个故事中得到了什么启示？

相关评价

故事以对话为主，清晰明了地传达出了应正确认识自己的道理。邹忌能从发生在自己身上的小事联想到国之大事，体现出了邹忌的智慧。

目光如炬

名师导读

　　"目光如炬"形容人愤怒时目光锐利逼人，也形容看问题透彻，见识远大。出自《南史·檀道济传》："道济见收，愤怒气盛，目光如炬。"檀道济究竟为什么如此愤怒呢？

　　南北朝时期，宋朝有一位历经三朝的勇将，名叫檀道济。此人胆略过人，智勇双全，治军有术。在宋朝开国之初，他就跟随武帝刘裕北伐征战，屡建功勋，官至太尉参军。

　　有一次，檀道济率兵攻入洛阳，将敌军守城将士几千人一举抓获，押解到城中一个集市上。檀道济手下的一个参军提议，将俘虏全部杀掉，以壮军威。[①]檀道济怒目而视，厉声制止道："此事万万不可！平民心、扬军纪正在今日，他们已经放下武器，即与百姓等同，怎可随意杀戮？"随后，他告诉俘虏，愿留者留，愿走者发给路费。俘虏们见檀道济如此仁德，有数百人自愿留下来为其效力。此事传扬出去，宋军所到之处，都受到当地百姓们的欢迎。

❶神态、语言描写……

　　檀道济严厉制止杀戮俘虏，他的这一行为不仅仅是出于仁德，还有更深层次的考虑：安定人心，避免激起更大的仇恨和反抗。

　　事后，有人问檀道济这样做的原因，檀道济没有正面回答，而是缓缓讲了一段秦代的故事。那个故事是这样的：

　　秦二世三年，秦军大将章邯、董翳、司马欣率众二十万投降项羽。项羽麾下有些官兵过去曾服役关中，受

注释

智勇双全：形容人足智多谋，勇敢善战，智与勇二者兼备。

过秦官兵的残酷虐待，此时他们便乘机把满腹怨恨都发泄在来降的秦军士卒身上。受到侮辱的降卒不免怨声载道，又担心项羽灭不了秦朝，家属又遭秦廷报复。项羽正要发兵关中，在这个时候，他本该争取降卒，扩大自己的力量，同时向秦展开政治攻势，但是，他却迁就了少数人的意见，在新安城南，乘夜活埋了二十万秦朝降卒，只留下了三员大将。①项羽如此残酷，激起了关中人对他的极端仇恨。项羽攻到哪里，哪里的秦军都与他血战到底。

听了这个故事，人们对檀道济的决策都心悦诚服了。

宋文帝刘义隆即位以后，任檀道济为都督，让他领军征讨北魏。宋军同北魏军打了三十余仗，仗仗胜利，军队直逼历城。这时宋军补给发生了问题，粮食短缺，军心不稳。檀道济效仿曹操"望梅止渴"的策略，派亲信步卒在半夜里弄来几车沙子，装在米袋里，垛在伙房，然后把仅存的一点粮食撒在沙袋上。第二天早晨，全军将士看见有这么多粮食，都遵令出去，大获全胜。

然而，因为檀道济功名显赫，左右部将个个骁勇，他的几个儿子也都握有兵权，所以宋文帝很不放心。再加上几个近臣屡进谗言，宋文帝就蓄谋将他除掉。后来宋文帝突得急患，又时逢北魏军入侵，宋文帝便召檀道济入朝议事，乘机把他逮捕下狱，接着又以"莫须有"的罪名把他和他的部将全都杀了。

②当时，檀道济被诱捕时气愤至极，双眼瞪得有如火炬一般（目光如炬）。他暴跳如雷，一把扯掉头巾，摔在地上，吼道："昏君啊，这是你自毁长城！"

不久，北魏听说檀道济已死，便无所畏惧地攻宋。兵马直逼京城，宋文帝哀叹道："若有檀道济在，何至于此！"

❶叙述
项羽的残酷为他招致更大的祸患。檀道济善于从历史中吸取经验教训，悟出了以德服人的道理。

❷动作描写
檀道济极度愤怒的时候不是喊冤，而是痛惜国家即将面临巨大的危机。

精华赏析

　　檀道济是个智勇双全的爱国良将，他的高明之处是善于以史为鉴，用计谋出奇制胜。他努力不去重蹈历史覆辙，却难逃历史上忠臣良将功成被杀的命运，想起来也是很可悲的。

延伸思考

1. 檀道济为什么不肯杀掉俘虏？
2. 宋文帝为什么要杀掉檀道济？
3. 你认为檀道济有什么值得学习和赞扬的品德？

相关评价

　　文中对檀道济的语言和事迹的描述，让人清楚地看到了檀道济的智勇双全。结尾檀道济气愤至极的神态，将一代爱国良将心中的悲愤刻画得极为传神，叫人不禁为之摇头叹息。

目无全牛

名师导读

　　“目无全牛”出自《庄子·养生主》，比喻技术熟练到了得心应手的境地。宰牛和养生两者之间有什么关系呢？去文中找找答案吧。

　　有一次，庖丁为梁惠王表演宰牛的技巧。只见他手拿一把尖刀，不假思索地宰割。皮和骨分离的声音随刀而响，而反刀向牛身内推进的时候，发出更大的声响。总之，他的动作合乎舞蹈的节拍旋律；他操刀时发出的各种声音，像音乐那样有节奏。没有多久，牛就被肢解开了。梁惠王赞叹道：“你的技术为什么能如此高明？”

　　庖丁放下刀回答说：“我之所以能熟练地解牛，是因为我所崇尚的是一种高深的修养，并且已经超过普通技术的阶段了。①我开始解牛的时候，看到的是整头的牛，不知道刀子应该从哪里插进去。过了几年，却又看不见整头牛了。”

　　“看不见整头牛，不是更不知道刀子从哪里插进去了吗？”梁惠王不解地插嘴问道。

　　庖丁摇摇头，说：“不是的。我的意思是说，这时我对牛的全身何处有空隙，哪里有筋骨，都已经完全清楚，所以看不出是不是整头牛，看到的只是它可以解开的许多部分。宰割时，我通过神情跟牛接触，而不必用眼睛去看，就能知道什么地方可以下刀，什么地方不能下刀。②我按照牛的各种结构，把刀插入牛体内筋骨相连的空隙之处，再顺着它骨节间的空隙，按照它本来的结构去行刀。像上面

❶语言描写

　　庖丁的话令人费解。引出下文的解释。

❷语言描写

　　庖丁摸透了牛的构造，所以在宰牛的时候能够游刃有余。

说的这些小的障碍都没有触及，何况大的骨头呢。"

接着，梁惠王又听庖丁讲解了怎样用刀、换刀的学问，听完后感慨地说："现在我懂得养生的道理了。"

精华赏析

牛无疑是很复杂的，庖丁解牛得心应手是因为掌握了它的结构机理。不管是什么牛，它们的结构机理都是一样的。每个人的生活也各有各的面貌，其基本原理也是近似的。如果能看透了、领悟了生活的道理，摸准了其中的规律，就能化繁为简，活得轻松自在。

延伸思考

1. 庖丁为什么能够目无全牛？
2. 养生与解牛有什么关系？

相关评价

故事以庖丁解牛为例，通过对解牛技巧的细节描述，表现出了庖丁的高超技艺。正是这样一件小事，却能让人深刻体会到对待事物要善于捕捉关键、化繁为简的重要性。

南柯一梦

名师导读

"南柯一梦"出自唐朝笔记小说《南柯太守传》，形容一场美梦，或比喻一场空欢喜。这个成语与一个叫淳于棼的人有关，他酒后靠着槐树做了一场惊心动魄的梦。那究竟是什么样的梦呢？

隋末唐初的时候，有个叫淳于棼的人，家住在广陵。他家的院中有一棵根深叶茂的大槐树，盛夏之夜，明月朗照，树影婆娑，晚风习习，是一个乘凉的好地方。

淳于棼过生日那天，亲友都来祝寿，他一时高兴，多喝了几杯。月上树梢，亲友散尽，淳于棼醉眼蒙眬，背靠着槐树迷迷糊糊地睡着了。

❶叙述

全榜题名、攀龙附凤，几乎是所有人的梦想。淳于棼的美梦反映了他对功名、地位的渴求。

①梦中，他来到了大槐安国，正赶上京城会试。他报名入场，三场结束，诗文作得十分顺手，放榜时，他考中了第一名。紧接着殿试，皇帝看淳于棼生得一表人才、风流倜傥，亲笔点为头名状元，并把公主许配给他为妻。状元公成了驸马郎，一时成了京城的美谈。

婚后，夫妻感情十分美满。淳于棼被皇帝派往南柯郡任太守，一待就是二十年。淳于棼在任太守期间经常巡行各县，使各县的县令不敢胡作非为，因此他很受当地百姓的称赞。皇帝几次想把淳于棼调回京城升迁，当地百姓听说淳于棼太守离任，纷纷拦马挽留。淳于棼被百姓的诚恳态度所感动，只好留了下来，并上书向皇帝说明情况。皇帝赞赏淳于棼的政绩，赏给他不少金银珠宝，以示奖励。

有一年，敌兵入侵，大槐安国的将军率军迎敌，几次都被敌兵打得溃不成军。消息传到京城，皇帝震怒，急忙召集文武群臣商议对策。①大臣们听说前线军事屡次失利，敌兵逼近京城，一个个吓得面如土色，你看我，我看你，都束手无策。

皇帝看到大臣的样子，非常生气地说：②"你们平日养尊处优，享尽荣华，朝中一旦有事，你们都成了没嘴的葫芦，一句话都不说，要你们有何用？"

宰相立刻向皇帝推荐淳于棼。皇帝立即下令，让淳于棼统率全国精锐部队与敌军决战。

淳于棼接到圣旨，不敢耽搁，立即统兵出征。可怜他对兵法一无所知，与敌兵刚一接触，立刻一败涂地，手下兵马被杀得丢盔弃甲，东逃西散，淳于棼差点儿被俘。皇帝震怒，撤掉淳于棼的职，遣送回家。淳于棼大叫，从梦中惊醒，只见月上枝头，繁星闪烁。此时他才知道所谓南柯郡，不过是槐树下的一个蚂蚁洞而已。

❶神态描写
"面如土色""你看我，我看你"生动地勾勒出群臣手足无措的模样。

❷语言描写
体现了朝臣的腐败无用，只知享乐，不知应对。

精华赏析

功名利禄，荣华富贵，不过是一场梦而已，到头来终究是一场空。这个成语具有禅学意义，劝解世人不要过于看重虚幻的物质享受。同时，也说明了人生无常，应活在当下的道理。

延伸思考

淳于梦为什么会做这样一场梦？

相关评价

　　故事中将功名利禄比作一场梦，以主人公入梦的事例展开讲述，读来趣味横生。这则故事要表达的道理清晰明了，意在告诫世人不要太过于追求荣华富贵。

宁为玉碎，不为瓦全

名师导读

"宁为玉碎，不为瓦全"比喻宁可保全气节，为正义之事而死，而不愿忍辱屈从，苟且偷生。这个成语的背后是一段可歌可泣的故事。高洋篡夺了元氏政权，并企图斩草除根，元氏宗族将如何自保呢？

①公元 550 年，北朝东魏的孝静帝被迫将帝位让给专横、不可一世的丞相高洋。从此，北齐代替了东魏。高洋心狠手辣，次年又毒死了孝静帝及其三个儿子，来了个斩草除根。

高洋当皇帝第十年，六月的一天，出现了日食。他担心这是一个不祥之兆，担心自己篡夺的皇位快保不住了。于是，他把一个亲信招来问道：

"西汉末年王莽夺了刘家的天下，为什么后来光武帝刘秀又能把天下夺回来？"

那亲信说不清这是什么道理，随便回答说：

"陛下，这要怪王莽自己了，因为他没有把刘氏宗室人员斩尽杀绝。"

②残忍的高洋竟相信了那亲信的话，马上又开了杀戒：把东魏宗室近亲四十四家共七百多人处死，就连婴儿也无一幸免。

消息传开后，东魏宗室的远房宗族也非常恐慌，生怕什么时候高洋的屠刀会砍到他们的头上。他们赶紧聚集在一起商量对策。有个名叫元景安的县令说，眼下要保住命

❶叙述

介绍了故事发生的社会背景以及高洋残暴的性格，为下文他灭元氏宗室以绝后患埋下伏笔。

❷叙述

因一句戏言，就真斩尽杀绝，说明了高洋的残暴。

的唯一办法，是请求高洋准许他们脱离元氏，改姓高氏。

元景安的堂兄元景皓，坚决反对这种做法。他气愤地说：① "怎么能用抛弃本宗改为他姓的办法来保命呢？大丈夫宁可做玉器被打碎，也不愿做陶器得保全。我宁愿死而保持气节，不愿为了活命而忍受屈辱！"

元景安为了保全自己的性命，卑鄙地把元景皓的话报告给了高洋。高洋立即逮捕了元景皓，并将他处死。元景安因告密有功，高洋赐他姓高，并且升了官。

但是，残酷的屠杀并不能挽救北齐摇摇欲坠的政权。三个月后，高洋死去。又过了十八年，北齐王朝也寿终正寝了。

❶语言描写

元景皓铁骨铮铮的话与元景安苟且偷生的做法形成鲜明对比，更加衬托出元景皓的威武不屈和崇高气节。

精华赏析

"宁为玉碎，不为瓦全"这种高傲不屈的气节令人敬仰。死，是所有人都惧怕的，但更可怕的是出卖灵魂和气节而苟且偷生。同时，这段历史也再度印证了一个道理：残暴的统治不能持久，只有仁政才能使国家长治久安。

延伸思考

1. 高洋为什么要把元氏宗族斩尽杀绝？
2. 你怎样看待元景皓"宁为玉碎，不为瓦全"的做法？
3. 你认为北齐灭亡的原因是什么？

相关评价

故事中的人物角色对比鲜明，元景皓和元景安的对话将各自的性格特色体现得格外分明。元景皓"宁为玉碎，不为瓦全"的高洁品行让人敬佩。

宁为鸡口，无为牛后

名师导读

"宁为鸡口，无为牛后"出自《战国策·韩策一》，为苏秦劝谏韩国国君抵抗秦国时所用之词。当时的政治局面是什么样的？苏秦为什么要力劝韩国抗秦呢？

苏秦游说诸侯，失败而归。回到家中，受尽了族人的腌臜气，但他并没有因此气馁，反而坚定了有朝一日定会大展宏图的决心，于是读书更加刻苦用心。

他悉心读了许多书，悟出了以往失败的原因，对当时的列国形势作了总体分析，针对齐、楚、燕、赵、韩、魏六国畏惧强秦的心理，提出了联合六国共同抗秦的外交路线。他深信这个主张一定会得到六国国君的赞赏。①几年的读书生涯使苏秦变得成熟、深沉、机警多智，又善于言辞。有一天，他再次打点好行装，踌躇满志地二度出山到列国去游说诸侯，推行他的政治主张。

苏秦首先到了燕国，燕国国君十分欣赏他的主张，决定给予大力支持，当即赠金千两，并派车马随从护送苏秦继续游说其他国家。

苏秦第二站来到赵国。赵国国君对他更加器重，除赏给黄金、白璧外又破格封为武安君，并请他出使其他国家，联合他们共同抗秦。

②苏秦的同学张仪当时在秦国为官，深得秦王信任，他是连横派的代表，主张六国分别与秦国结盟。张仪奉秦王

❶叙述

苏秦学成之后，决定重新游说列国诸侯。为下文作铺垫。

❷叙述

苏秦主张联合抗秦，而张仪却主张六国服从秦国，这二人之间必定有一场交锋。苏秦将如何赢得胜利呢？设置悬念，引出下文。

之命，来到韩国，他劝韩王推行对秦国有利的外交政策，并威胁韩国，告诉他要想得到秦国的庇护，必须割给秦国土地、城池，每年向秦国纳贡。韩国君臣觉得张仪的主张难以接受，但又不敢公开拒绝，便请张仪暂时到馆驿安歇，等待回音。

❶心理描写⋯⋯⋯⋯

韩国君臣陷入两难的境地，因为无论怎样选择，韩国都会遭受巨大的损失。

张仪走后，韩国君臣急忙商讨对策。①他们既不甘心割地赔款，可又害怕得罪秦国，招致强兵压境，无力抵抗。正在这六神无主、进退两难之际，苏秦带着燕、赵二国的国书来到韩国。

苏秦当时已经名满天下，成了人们仰慕的治世贤才。他的到来给韩国君臣带来了希望。韩国君臣隆重接待了苏秦，并向苏秦倾诉目前的尴尬处境，诚恳地向苏秦请教良策。

❷语言描写⋯⋯⋯⋯

苏秦从地理、军事等方面列举了韩国的优势，力劝韩国抗秦。有理有据，令人信服。

苏秦沉思片刻，说：②"依我看，韩国不必畏惧秦国，因为你们的优势并不小。就地理优势来说，北有巩、洛、成皋之险，西有宜阳、常阪之固，东面宛、穰、洧水为天然屏障，南面陉山更是一夫当关、万夫莫开的险要重镇。就军事而言，韩国带甲之士不下数十万，他们个个弓法精熟，百发百中，披坚执锐，冲锋陷阵，所向无敌，更何况有大王您这样的圣明君主和朝中的文武治国良臣，何必怕他什么秦国呢！您今天答应了割地的要求，明天秦国会提出更贪婪的要求。要知道，韩国的土地有限，而秦王的要求却没有止境。如此下去，韩国岂不要亡国呀。③常言说'宁做鸡的嘴巴，也不当牛的屁股'（宁为鸡口，无为牛后），鸡嘴虽小，却是吃东西的；牛屁股大，却只能排粪。大王圣明，必不肯当牛屁股吧。"韩王被苏秦的道理说服了，决心抗秦。

❸类比⋯⋯⋯⋯⋯⋯

列举了韩国的优势之后，苏秦又使出了激将法，攻破韩王最后一道心理防线，终于说服了他。

精华赏析

苏秦的游说技巧非常高超。他从各方面分析了韩国抗秦的可能性和必要性，有理有据、合情合理。这个故事给我们的另外一点启示是：一味地妥协退让并不是解决问题的好方法。

延伸思考

1. 苏秦为什么能提出联合六国共同抗秦的外交路线？
2. 韩国面临着怎样的选择和困境？
3. 苏秦是怎样说服韩王抗秦的？

相关评价

故事先叙述了苏秦受挫而奋发学习的事情，以此为前提，才有了接下来的大展身手。故事中苏秦的语言中处处透着智慧，在体现刻苦努力的重要性时，也传达出了不能完全退让的道理。

呕心沥血

名师导读

"呕心沥血"常用来形容为了工作或是某些事情而穷思苦索，费尽心血。这个成语源自著名诗人李贺，他痴迷于写诗，以至于他的母亲心疼地叹道："是儿要当呕出心乃已尔。"

唐朝中期，有一个诗人叫李贺，字长吉，福昌（今河南洛阳宜阳县）人。

①叙述

以故事引入对人物的描写，增加了趣味性，能够吸引读者的阅读兴趣。

①唐朝晚期奇闻怪事集《幽闲鼓吹》里记载了这样一件事：李贺生性傲慢，曾得罪过他的表兄，因此表兄一直想寻找机会报复他。李贺死后，侍郎李藩准备把他的诗歌整理成集，还要亲自作序。李藩把李贺的表兄请来，说明了自己的意图。这位表兄满口答应帮忙进一步搜集李贺的遗作，而且主动要求把李藩手中已经搜集到的诗作拿回去校订。李藩很高兴，就把手头的李贺遗诗都交给他了。可是一年过去了，也没见这位表兄的动静。原来，他总算找到了报复的机会，那就是把李贺的遗诗扔到茅厕里去了。

②叙述

说明李贺对诗歌创作有多么狂热和勤奋。

②我们无从查考这段记载的真实性。不过《李长吉歌诗》载有二百五十余首诗，有人考证出内有十余首伪作，其余确实都出于李贺之手。李贺虽仅活了二十七岁，但留

下这么多诗，也颇为可观了。

　　据考证，李贺是唐朝宗室的一位裔孙，不过要追溯到二百年之前了。李贺的父亲李晋肃做过陕县县令，是个"边上从事"的小官；母亲郑氏也同普通妇女相差无几。家中虽然还有几个奴婢，但景况已经相当寥落。李贺因避父讳（晋肃的"晋"与进士的"进"谐音），不能参加科举考试，终生只做过奉礼郎。①<u>李贺先天体弱，加上多愁善感、苦吟不停，未到成年，鬓发已开始斑白脱落了。</u>

　　李贺是个才子，相传七岁时就以诗名惊动了京师。韩愈和皇甫湜读了他的诗，感到十分惊奇，特意骑上马到李家拜访。李贺梳着发辫在门前迎接。韩愈和皇甫湜不相信一个七岁的小孩能写出那么好的诗，就出了个题目，让李贺当场作一首。

　　②<u>小李贺抠着指甲，望着韩、皇二人，思考一阵，便吟出一首七言古风《高轩过》。诗云：</u>

　　华裾织翠青如葱，金环压辔摇玲珑。马蹄隐耳声隆隆，入门下马气如虹。云是东京才子，文章巨公。二十八宿罗心胸，元精耿耿贯当中。殿前作赋声摩空，笔补造化天无功。庞眉书客感秋蓬，谁知死草生华风。我今垂翅附冥鸿，他日不羞蛇作龙。

　　韩愈、皇甫湜听罢惊叹不已。

　　年龄稍长，李贺对诗歌的兴趣更浓了。据《新唐书·李贺传》载，李贺每天都要骑上马，出外游览，借以寻找创作的灵感，事前也没有什么固定的题目。随他而行的有个小家奴，背上背着一个锦袋。每当李贺想出佳句时，马上写下来装进锦袋。

　　晚上回来后，李贺的母亲让女婢去查看锦袋，有时竟

❶叙述
　　李贺不幸的命运令人扼腕叹息。

❷动作描写
　　"抠着指甲"表现了李贺的天真，与他的年龄特征相符。

🖋读书笔记

装得满满的。于是老夫人又心疼又焦虑地说："是儿要当呕出心乃已尔。"意思是：这孩子真是被诗迷住了，恐怕要把心呕出来才肯罢休啊！

掌灯之后，李贺就把白天攒下来的纸条拿出来，研墨展纸，整理成章。他继承了屈原、李白的浪漫主义精神，形成了自己的独特风格。有人把他与李白的"仙才"相比，而称其为"鬼才"，可见其名声之大。

精华赏析

李贺虽然英年早逝，但在诗歌史上却成绩卓著。他之所以能取得如此辉煌的成绩，与他的天赋和勤奋刻苦是分不开的。从李贺的故事中我们可以看到，兴趣和努力对于成功的重要性。

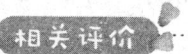

延伸思考

1. 李贺的一生短暂而不幸，他所遭遇的苦难有哪些？
2. 李贺为什么要用锦袋装诗？这一行为对你有什么启示？

相关评价

文章将李贺对诗歌的热情描述得格外传神，对李贺的成长经历叙述层次分明，让人对李贺的生平一目了然。而维持这股热情的正是他对诗歌的兴趣，加上其本人的天赋和努力，最终才成就了李贺在诗歌上的卓越造诣。

排难解纷

名师导读

　　秦昭王发兵攻打赵国，赵国危在旦夕，赵孝成王向魏国求救，结果怎样呢？赵国的危机最终解除了吗？"排难解纷"这个成语又是如何得来的呢？

　　①战国时期，秦昭王发兵进攻赵国，兵临赵都邯郸。赵孝成王向魏国求救，魏王派将军晋鄙带兵前去。可秦王派人恐吓魏王道："我马上就会攻下赵国了，谁敢救赵，我打下赵国后，立刻就去打他。"魏王胆小，被秦国一吓，便命晋鄙不要与秦军交战，在魏、赵两国的交界处按兵不动。

　　魏王又派大将辛垣衍为使臣，从小路进入邯郸。辛垣衍对赵王说：②"现在秦王称雄天下，谁都怕他三分。如今他兵围邯郸，其实也不一定是为了夺取邯郸城，只不过是希望各国拥戴他，尊他为帝罢了。如果赵国派人去秦国，表示愿意尊秦王为帝，邯郸就一定可以解围了！"

　　这时，有个叫鲁仲连的齐国人正在邯郸。鲁仲连很有才识，经常替人排除纠纷，解决难题，名气很大。他听说辛垣衍劝赵王"尊秦为帝"之后，立即去见赵国的丞相平原君，请他引见辛垣衍，平原君应允了。

❶叙述

　　交代历史背景，展现秦王和魏王的性格特色。

❷语言描写

　　辛垣衍向赵王说出了解除危机的方法，但是他的计策可行吗？为后文埋下伏笔。

❶语言描写..........

鲁仲连深知秦国的本质，故而反对尊秦王为帝。这表现了鲁仲连的机警与理智。但赵国的危机该如何化解呢？

①鲁仲连对辛垣衍说："秦王已经够残暴的了，假如真尊他为帝，他一定会更加暴虐。那时候，魏国可能也会成为他的附属国，他将对你们为所欲为，恐怕你们的地位也将难保。"辛垣衍听了，深为佩服，对鲁仲连行礼致谢，当即表示坚决放弃"尊秦为帝"的妥协政策。

秦王获悉魏国使臣游说赵国未获成功，怀疑赵国出了有才能的人，未敢轻举妄动，并立刻退兵五十里。后来魏国的信陵君窃来兵符，杀了晋鄙，带领魏军赶来援救，邯郸就解了围。事后，平原君对鲁仲连十分感激，准备封地给他，他不要；又要送他千金，他也不收。鲁仲连说："作为真正的天下贤士，替别人排难解纷如果收取报酬，不就成了商人了吗？这是我应尽的责任。"

精华赏析

　　本文主要讲的是秦昭王发兵进攻赵国，各方力量为赵国解除危机的过程，重点展现了鲁仲连的睿智聪明和高尚品德。大量的语言描写使文章结构紧密，同时生动地刻画了人物形象。

延伸思考

1. 赵王向魏国求救，魏王为何按兵不动？赵国的危机解除了吗？
2. 鲁仲连为何不同意赵国尊秦王为帝？

相关评价

　　故事中对辛垣衍和鲁仲连的语言描写，体现出两人皆是足智多谋的人。但两者相比之下，鲁仲连的见解要高明一些。通过这种描写，无疑将鲁仲连的睿智衬托到了另一个高度。

披肝沥胆

名师导读

曹操率兵进军徐州，打败了刘备。刘关张三兄弟失散了，刘备投了袁绍，关羽降了曹操。后来袁绍发兵攻打曹操，却被关羽连斩两员大将……

①公元 200 年，曹操亲自统率两万人马进军徐州，攻打刘备。刘备那时的势力还很弱，又没有诸葛亮的辅佐，所以被打败了。张飞突围，往芒砀山而去。刘备无路可走，投奔了袁绍。关羽被围无法解脱，为了保全刘备的家眷，只得暂时投降了曹操。

刘备在袁绍那里，不知张飞、关羽的去向，只知妻儿身在曹营，日夜思念，烦躁不安。恰巧袁绍想攻占许都，决定发兵攻打曹操。两军交战后，曹操采用了谋士荀攸的计策，诱敌分兵，声东击西。他首先派关羽进攻白马。白马的袁军将领是颜良，他倚仗人多势众，又有袁军主力做后盾，骄傲轻敌，结果被关羽杀死在阵前，白马也被占领。袁绍不甘心，又派大将文丑迎敌。②曹操将所有的车辆装备停放在文丑要经过的路上，让将士们在附近埋伏起来。袁军来后，见车辆上有很多财物，纷纷下马抢夺。曹操一声令下，伏兵四面出击，袁军大败，文丑又被打头的关羽杀死。

袁绍得知刘备的二弟关羽斩了他的两名爱将，不由大怒，要杀刘备。刘备这才知道关羽在曹营，表示愿意写一封信去，劝关羽回来辅佐袁绍。袁绍大喜，立即派人前往送信。关羽看完书信，这才知道刘备在袁绍那里。信中刘备

❶概述说明

交代了故事发生的背景，为后文故事的发展作铺垫。

❷叙述

表现了曹操杰出的军事才能，关羽斩杀文丑则进一步推动了故事情节的发展。

说：你真归顺了曹操，忘记我们兄弟的誓言了吗？关羽当即写了一封回信，说："我马上就去面见曹公，向他辞行，然后护送两位夫人回去。我对哥哥披肝沥胆，绝无二心……"

之后，关羽便去拜辞曹操。曹操知道他的来意，舍不得放他走，故意避而不见。[①]但是关羽走的决心已定，便带着旧日的随从，护送着载有刘备夫人的车子夺门而去。曹操一路派人阻拦，关羽仍不回头，他过五关、斩六将，历尽艰险，终于在古城与刘备、张飞相聚。

❶叙述

表现了关羽的忠肝义胆，令人钦佩。

精华赏析

"披肝沥胆"常比喻开诚相见，倾吐心里话，也形容非常忠诚。关羽兵败后投降曹操只是缓兵之计，当他得知刘备的消息后，不畏艰险，过五关、斩六将，终于与刘备会合。这表现了关羽的赤胆忠心和武艺高强。关羽这种忠义的品质值得我们敬仰与学习。

延伸思考

1. 关羽为何投降曹操？
2. 袁绍为什么要杀刘备？
3. 关羽收到刘备的信后，是怎么做的？

相关评价

故事中对曹操的两段叙述，体现出了曹操的雄韬伟略，以及他的爱才之心，不失为一位好的雄主。而关羽简单直白的一句话则表明他了的忠义，不辞艰难也要与刘备汇合。两人身上皆有值得学习之处，关羽的忠义品质尤为可贵。

披荆斩棘

名师导读

　　冯异是一位出色的将军，长期屯兵在外，在战场上屡立奇功。他因为功劳太大，遭到小人的陷害和君主的猜忌，冯异会怎么应对呢？

　　① 东汉初年，河南渑池一战中，赤眉军主力部队受到汉王朝征西大将冯异的重创，但其他各路起义军依然一路雄风，斩关夺隘。有的甚至与汉军呈割据之势，岑延占蓝田，王歆据下，杨周据谷口，吕鲔据陈仓，骆延据周至，各称将军，统领士兵多者数万人，少者数千人，在陕西、河南一带相互厮杀，战事频仍。

　　冯异一边作战，一边行军，后将部队屯驻在上林苑。

　　岑延击败赤眉军，自称武安王，准备割据关中。他带大将张邯、任良进攻冯异，被冯异打败。岑延从南阳逃往武关，冯异随后紧追不舍。

　　当时关中粮食奇缺，五升黄豆即可换一斤黄金。这是因为道路多阻隔，有粮也运不到前线。冯异的部队只好以野果充饥。直到南阳太守赵匡送来粮食，冯异才得以补充兵员，以至连战连胜，平定了关中。

　　冯异长期屯兵在外，屡立奇功。正因为这样，他心中有些不安，担心有人在皇帝面前说他的坏话，便写信给刘秀，表示愿意回朝中任职，这样可以每日驾前侍候，但是刘秀没有同意。

　　② 不久，果然有人上表，说：冯异在长安擅自斩了长安

① 背景概述

　　交代了时代背景和当时的混乱局面，引出下文。

② 照应前文

　　照应了前文冯异的担忧。而刘秀的行为充分表明了他对冯异的信任。

179

县令，位高权重，自号"咸阳王"；且有万民拥戴，手握重兵，不可不防。刘秀看了奏章只是一笑，还派人将奏章送给冯异看。冯异看后大惊，立即上表申诉：

"我本来是个书生，蒙主上信任提拔，命为大将，封为侯爵，每次打仗虽然很顺利，那都是主上的决策得当，并不是我的才能过人。想当年，战乱频仍，豪杰们纷纷争天下，我却从来不敢生此妄念。现在天下已定，尊卑已明，我怎敢大胆妄为呢？"

刘秀看了冯异的表章后，立即下诏回答说：

❶语言描写

表明了刘秀和冯异两人感情的深厚，同时也表明了刘秀支持冯异的决心与态度。

① "你对我来说，名义上是君臣，感情上就像父子，用不着考虑什么嫌疑问题，更不要产生什么恐惧心理！"

三年以后，关中战乱已平，局势日趋稳定，百姓安居乐业。冯异奉调回京。在朝见时，刘秀为众大臣介绍冯异，说："这是我起兵时的主簿，在我开创大业的道路上，他曾为我披荆斩棘，扫除重重障碍，平定了关中，是有功之臣啊！"

朝会之后，刘秀派黄门太监送给冯异大批珍宝、黄金、钱财及丝织品，并下诏书说："当年我在芜蒌亭被寒风朔雪所困，幸而你送来豆粥；后来在滹沱河被暴风骤雨浇透，你及时送来干柴做饭。这种深情厚谊早该答谢，今天就算是表示感谢吧！"

❷语言描写

引用管仲对齐桓公的话，既有类比的意思，同时也表明了冯异的态度与志向。

② 冯异第二天上朝叩谢刘秀说："当年管仲对齐桓公说，'别忘了我曾用箭射过你，我也永远记住被您关押过。如果我们都能居安思危，齐国就太平了。'我也希望皇上别忘记河北受难，我也牢记曾被您赏识提拔。"

冯异在京城住了十几天，经常被刘秀宴请，并留他和家属住在宫内，直到朝廷决定再征四川，刘秀才让他回到自己的官邸。

精华赏析

　　冯异是出色的大将，手握重兵，屡立奇功，万民爱戴，功高震主，但刘秀并没有因此而猜忌他，相反还加倍地信任他。展现了刘秀的大度与英明，用人不疑。篇末引用管仲的话，升华了文章主旨。

延伸思考

1. 冯异屡立奇功，但为何心中不安？
2. 有人上表中伤冯异，刘秀是如何应对的？

相关评价

　　故事前半段通过对冯异的事迹讲述，充分展现出了冯异的才干和功绩。后半段通过刘秀对待冯异的态度，以及后面和冯异的对话，无不体现出了一代明君的宽广胸怀。

萍水相逢

名师导读

　　滕王阁是千古名楼，洪州都督阎伯屿原准备借修缮滕王阁之机大宴宾客，来炫耀女婿的才华，没想到阴差阳错之下却成全了少年王勃。这到底是怎么回事呢？让我们一起来看看吧。

　　滕王阁不愧为千古名楼，气势雄伟，俯瞰赣江，在人们心目中有着特殊的地位。

❶概述

交代了滕王阁的由来，描述了其衰败的景象。

　　①滕王阁原为唐太宗李世民的弟弟滕王李元婴任洪州都督时所建。楼阁以其封号命名。后来，滕王阁年久失修，一度成为各种飞鸟的乐园。它们在阁上筑巢产蛋、繁衍后代，使得滕王阁更加衰败。

　　这年，阎伯屿来洪州任都督，他派人将滕王阁修缮一新，并准备在九月初九重阳节这天在滕王阁大宴宾客，举行庆祝竣工的典礼。

　　在古时候，人们为了某种庆典，要举行大型酒会，酒会上都要撰写富有文采的文章，以示纪念，而这种文章一般都要由当时有名的文士撰写。

❷叙述

交代了都督阎伯屿在庆典上的预谋，他想借此展示其女婿的文采，但结果又会如何呢？设置悬念，引出下文。

　　②都督阎伯屿有个女婿在当时也是一个小有名气的文士。阎伯屿为了显示女婿的文采，便事先让他将文章写好，以便在宴会的当天炫耀，达到以一篇文章扬名四海的目的。

　　到了九月初九这一天，滕王阁真是贵宾如云，武有王将军，文有孟学士，还有远道赶来赴会的显官宇文新州。

来到宴会大厅，宾客们按照职务高低、年龄大小，依次入席。

宴会即将开始时，阎伯屿命人取来文房四宝，对众宾客说道：

①"诸位朋友，今日名阁新修，贵宾云集，应该说是千古盛会，不可不留下纪念的文章。有劳在座各位挥动如椽大笔，为名阁增色。"

①语言描写

阎伯屿有意让女婿扬名，为下文王勃的表现作铺垫。

说完，阎伯屿命人将文房四宝从首座往下传，但在座的宾客谁也不敢冒冒失失地接手自讨没趣，因为他们心里都清楚，阎伯屿拿出这文房四宝不是为别人，只是为自己的女婿，谁还能扫主人的兴呢！

在众多的来宾中，有一个年龄小而且也没有任何职务的人，他就是王勃。此时他正坐在最后一个席位上，当仆人仅仅出于礼貌将文房四宝递给他的时候，出乎阎伯屿和所有来宾的意外，王勃竟毫不客气地将文房四宝留在了自己的桌上，并开始挥毫写作。

②阎伯屿见王勃年纪不大，却如此不懂礼貌，不知深浅，很生气地一甩袖子，离席而去。临走时，留下一名书童，让他站在一旁观看，王勃每写出一句，书童高声向里面报一句。

②动作描写

少年王勃打乱了阎伯屿的计划，让阎伯屿十分生气。

当王勃写下"落霞与孤鹜齐飞，秋水共长天一色"时，阎伯屿与在座的所有宾客都吃惊地意识到这位王勃确实是百年难遇的天才，他的文章将是千古不朽的杰作。

阎伯屿此时再不敢有半点怠慢，马上出来向王勃表示歉意。

③王勃后来成了"初唐四杰"之首，但他在政治上却十分不得意。写《滕王阁序》这篇文章时，他年龄不大，通篇的基调是高亢激越、积极向上的，但也就是在这篇文章中，

③叙述

对《滕王阁序》作了简要的点评，概述了王勃仕途的坎坷。令人唏嘘。

注释

百年难遇：指百年也碰不到，形容罕见或很不容易碰到。

读书笔记

年轻的王勃也抒发了仕途坎坷、知己难求的那种苦闷心情：

关山难越，谁悲失路之人？萍水相逢，尽是他乡之客。

也许是他少年早熟，过早地体会到了人生的艰辛、宦海的沉浮，但《滕王阁序》却成了千古名篇。

精华赏析

洪州都督阎伯屿重修滕王阁，原准备在庆典上让女婿展示文采，没想到阴差阳错之下却为少年王勃做了嫁衣。文章结构紧密，采用多种描写手法刻画人物，同时也展现了王勃出众的文采，令人钦佩、叹服。

延伸思考

1. 滕王阁由何而来？
2. 都督阎伯屿原想让他的女婿在庆典上展示文采，结果怎样呢？

相关评价

故事围绕着滕王阁上的宴会展开，以其他宾客和王勃作对比，将王勃的与众不同展现而出，刻画出王勃独具特色的人物形象。宾客和主人的惊叹，则烘托出了王勃的才学惊人。

旗鼓相当

名师导读

　　东汉王朝建立初期，实力还很有限，有些边远地区尚未完全统一。光武帝刘秀为了一统天下，便想方设法拉拢隗嚣，以求其在西方的力量与对手相当。这便是"旗鼓相当"的由来，一起去看看吧！

　　①公元25年，刘秀在洛阳建立了东汉政权，史称光武帝。但此时边远地区尚未完全统一，隗嚣在甘肃一带自称卜将军，公孙述占据四川一带自称皇帝，双方都重兵在握，时常为争夺地盘而发动战争。这两派势力对东汉政权构成了严重的威胁。

　　由于东汉王朝刚刚建立，暂时还没有足够的兵力去平息叛乱，刘秀就想方设法拉拢隗嚣，以孤立公孙述，让隗嚣与公孙述去抗衡，进而一统天下。

　　②隗嚣为了寻求政治出路，就乘机上书刘秀，表示愿意向东汉投降称臣。二人不谋而合，于是刘秀便封隗嚣为大将军。

　　不久，吕鲔（wi）拥兵数万，在陈仓发动叛乱，接着，吕鲔又与公孙述勾结在一起，出兵攻打陕西中部一带，逼近长安城，形势万分危急！

❶叙述

　　交代了故事发生的背景，为后又故事的发展作铺垫。

❷叙述

　　说明了刘秀的智谋和气度。

❶叙述

　　刘秀的军队在隗嚣的军队的帮助下，打败了叛军。这为后文两军在西方的联合打下了基础。

❷总结说明

　　两军联合打败了公孙述，呼应前文。

①这时，隗嚣率领大军及时赶来，隗嚣的军队配合刘秀军队顽强抗敌，将叛军杀得大败而逃。

　　刘秀听说前线告捷，十分高兴，就亲自写了一封措辞委婉的信给隗嚣，希望他能借自己的兵力，与汉军联合起来共同对付公孙述。刘秀在信中说：“我现在忙于在东方作战，大部队都布置在那里。眼下我在西方的兵力极其薄弱，如果公孙述侵犯长安的话，我希望与将军的兵马联合在一起，这样便能与公孙述旗鼓相当了。”

②隗嚣接受了刘秀的意见。他与刘秀联合出兵共同讨伐公孙述，结果把公孙述打得大败。

精华赏析

　　“旗鼓相当”比喻双方力量不相上下。兵力有限的刘秀为了一统天下，故意拉拢隗嚣为自己所用，大大增强了实力，最终打败了公孙述。这表现了刘秀的灵活机智。

延伸思考

1. 刘秀为什么要拉拢隗嚣？
2. 隗嚣为何愿意向东汉投降称臣？

相关评价

　　这则故事以刘秀早期的事迹为例，向我们很好地展现了刘秀的智慧和英明。在实力有限的情况下，巧妙借用外力达成目标，表达出了遇事需灵活变通的道理。

前车之鉴

名师导读

  贾谊是西汉初年著名的政论家、文学家，他在短短的一生中写下了许多著名的文章，《过秦论》《治安策》至今仍广为流传。本文就是对贾谊一生的概述，让我们一起去看看吧！

  ①贾谊是西汉初年杰出的政治评论家和文学家。他是洛阳人，生于公元前200年，卒于公元前168年，他的一生只有三十二年，但就是在这短短的三十二年中，他为后人留下了许多宝贵的文学遗产。

  贾谊年仅十八岁时就以出色的文章博得洛阳文人学士的赞颂，人们都认为他是奇才。

  廷尉吴公向汉文帝推荐贾谊说："洛阳有个读书人，名叫贾谊。他虽然年龄不大，但学识渊博，见解不凡，应该让他到朝中来做官，施展他的政治才能，为国家和百姓做贡献。"

  汉文帝听了吴公的介绍，便说："那好吧！先让他当个博士，以备顾问。如果确实可用，到时再提拔也不晚。"

  不久，贾谊便奉命来到京城长安，成为满朝文武中最年轻而且也是最有学问和见识的官员。

  ②汉文帝对贾谊的才干非常赏识，不久便提升他为太中大夫，参与朝政。贾谊在朝中为官勤勤恳恳，再加上学识渊博，也为朝中文武百官所称赞。

  这一年，贾谊写下了一篇说理透彻、逻辑严谨、气势

---

①概述

  简要地介绍了贾谊的生平，高度赞扬了他在文学上的成就。

②侧面描写

  汉文帝的赏识和朝中文武的称赞，表现了贾谊出色的才干。这也为下文他遭到嫉妒埋下了伏笔。

夺人、语言犀利的千古名篇《过秦论》。在这篇《过秦论》中，贾谊系统、形象地论述了秦统一六国后经二世而亡的历史原因。他认为：

"秦始皇能以武力并吞六国，秦二世却被平民出身的陈涉灭掉。陈涉的能力绝不如六国，而秦朝的军队还是那么强大，山川仍然那么险峻，但却一败涂地，原因就在于秦朝不施行仁政（仁义不施，而攻守之势异也）。"

汉文帝因此更加器重、信任贾谊。但是汉文帝对贾谊的信任，很快遭到西汉开国武将和朝中一些大臣的嫉妒。为此，贾谊被贬为长沙王太傅，后又任梁怀王太傅。

❶叙述
遭到贬谪的贾谊著书抒怀，他用这种方式来成就自己。

①在任梁怀王太傅期间，贾谊苦于志向不得实现，才华不得施展，于是便著书为文，将自己的才华倾注在文章中。这时期他写下了又一篇千古流传的政论文《治安策》。在这篇文章中，贾谊再次分析了秦王朝由兴而衰的惨痛教训，他认为：

"秦始皇在沙丘病死，奸臣赵高用阴谋手段拥立胡亥为皇帝。赵高愚弄胡亥，不让他学习如何处理朝政，却偏偏教他怎样用残酷的手段去处置犯人。结果，做了皇帝的胡亥，除了杀人之外，别的事情全都一窍不通。

有人劝胡亥将心思用到治理天下上去，他却认为那是荒诞奇怪的胡言乱语。这并不是说胡亥生下来就是恶人，而是受他周围的赵高等人的影响变坏了。②秦朝的失败应引

❷议论
只有在失败中总结出经验，时刻警醒，才能使我们避免重蹈覆辙。

起我们足够的警惕（前车覆，后车戒）。否则，汉朝也会重犯秦朝的错误，那可太危险了。"

汉文帝看了贾谊的这篇《治安策》后，对贾谊有了新的看法。在可能的范围内，汉文帝有选择地将贾谊的某些具体主张变成了自己的措施和策略。

精华赏析

　　"前车之鉴"比喻把前人或以前的失败作为借鉴。贾谊借秦朝的失败来提醒当时的统治者，劝诫其保持警醒，以免重蹈秦朝的覆辙。

延伸思考

　　1. 贾谊为何遭到朝中大臣的嫉妒？
　　2. 贾谊认为秦朝灭亡的原因是什么？

相关评价

　　文中贾谊的成就并非偶然，他对治学的热情没有因为外界的挫折而降低，反而投入了更多的精力和热情。正因为如此，才有了流传至今的名作，贾谊的治学精神是值得我们学习的。

前事不忘，后事之师

名师导读

　　张孟谈协助晋国的大夫赵襄子打败了智伯，大功告成后他向赵襄子提出要辞官归隐。赵襄子对他一再挽留，张孟谈是怎么做的呢？

　　张孟谈是赵襄子的谋士，他出计协助赵襄子联合韩、魏两家打败了智伯之后，赵、魏、韩将晋国瓜分，形成了赵、魏、韩三国鼎立的局面。

❶语言描写
功成名遂的张孟谈提出辞职，这是为什么呢？设置悬念，引出下文。

　　①大功告成后，张孟谈向赵襄子提出辞职。他说："如今臣的声名显赫，权力很大，而且众人顺服。臣希望能够舍弃功名，丢掉权势，离开这里。"

　　赵襄子很不高兴，说："这是为什么呀？我听说辅佐君主的人才能名声显赫；功劳多的人才能身价高；对国家大事负责的人才能被委以重任；忠义诚实的人才能使众人信服。你正是国家所需要的人才，为什么要辞职呢？"

　　张孟谈说："您所讲的是一个人功成名就值得赞美的一面，臣所说的是掌握国家权力的道理。依臣对先前之事与古人之言的理解，他们对美好事物的认识是一致的。②可是认为君王和臣下的权力相等为美的，却未曾有过。历史上从来没有君臣权势相同而永远和平相处的。一个人功成名就就应急流勇退，一味地留恋功名迟早会身败名裂。牢记从前的事，可以把它作为以后行事的指导。即使您不同意我辞职，我也不可能再帮您办事了。"

　　赵襄子见张孟谈决心已定，只好同意了他的请求。张

❷语言描写
交代了张孟谈要辞官退隐的原因，表现了他的睿智和对名利的淡泊。

孟谈离开了都城，到负亲丘去耕种田地，过着悠闲的生活。

张孟谈在负亲丘种了三年地，有一天，赵襄子突然来访。张孟谈知道肯定是又有大事情发生了，忙问道："君王此次来看我，莫非有大事发生？"

①赵襄子面有难色地说："韩、魏、齐、燕对我当年分得智伯的土地有意见，他们认为寡人多得了十座城。现在，他们算后账，前来计较此事，要联合起来，共同对付赵国。您看这事儿该怎么办？"

张孟谈沉思片刻，冷静地对赵襄子说："国君，请您背着剑，为我驾车前往国都，将臣安排在宗庙住下，封臣的仆人做大夫，然后臣为您献上计策。"

赵襄子知道张孟谈是一个有智谋的人，并非为了欺侮自己而说出上面的话，于是就说："好吧。"

到了国都后，张孟谈派他的妻子去了楚国，大儿子去了韩国，二儿子去了魏国，小儿子去了齐国。几个国家都起了疑心，他们见赵襄子对张孟谈尊敬异常，而张孟谈又派出了自己的妻儿，恐怕各国与赵国都有勾结，于是便互相戒备起来。②这样一来，他们联合攻赵的计划无法实现，赵国也因此没有受到侵扰。

事后，赵襄子一再挽留张孟谈，但却被婉言谢绝了。张孟谈又回到过去的耕种生活了。

精华赏析

　　"前事不忘，后事之师"的意思是，牢记以前的经验教训，作为今后行事的借鉴。面对唾手可得的显赫名声和权力富贵，张孟谈理智地选择了拒绝，因为他能够清醒地看清自身的处境。这表现了他的睿智和对名利财富的淡泊，也展现了他的谋略与智慧。张孟谈的聪明睿智、淡泊名利令人钦佩，值得我们学习。

延伸思考

1. 张孟谈功成名就后为何要辞官归隐？
2. 各国联合攻赵，张孟谈是如何化解危机的？

相关评价

故事中赵襄子和张孟谈的对话描述细致，展现出张孟谈的卓越才智。张孟谈等到大功告成后，主动提出辞职，表现出该人物不求名利的高尚品性。

人死留名

名师导读

　　有的人活着他已经死了，有的人死了他还依然活着。人难免会有一死，但是他们留给后人的却不尽相同。什么样的人才会被后人所尊敬，让我们一起来看看吧！

　　"辛苦遭逢起一经，干戈寥落四周星。山河破碎风飘絮，身世浮沉雨打萍。惶恐滩头说惶恐，零丁洋里叹零丁。人生自古谁无死？留取丹心照汗青。"这是南宋抗元英雄文天祥的名诗《过零丁洋》。南宋祥兴二年（1279 年），文天祥被元军俘虏。宋将张世杰与宰相陆秀夫，拥戴南宋最后一个小皇帝建立了一个"海上王朝"。元、宋双方在海上集结了十万人，即将进行一场最后的决战。元军主将张弘范一再劝降文天祥，文天祥便作了这首诗给张弘范，表明自己的心意。其尾联两句明确表达了自己决不屈服投降的坚强意志，文天祥要以一颗对国家、对人民的赤诚之心，照耀千古史册。正所谓壮士虽死，英名犹在。①在我国几千年的文明史上，这种顽强不屈的英雄何止万千！

　　早在五代十国时期，就有这样一位英雄。②王彦章是五代时期的著名武将，以骁勇善战闻名于世。他年轻时跟随

①承上启下

　　既是对文天祥行为的肯定，也告诉我们像文天祥这样的人才算是真的英雄。同时也指出中国历史上有名的英雄并不在少数。

②人物介绍

　　叙述了王彦章的英勇善战。

梁太祖朱温转战各地。朱温死后，他又为继位的梁末帝朱友贞立下了汗马功劳。

当时，晋、唐两国都是梁的劲敌，战事频仍。一次，晋军攻破澶州，俘虏了王彦章的妻子和儿女，把他们带到太原。为了诱降王彦章，晋军没有杀害他的亲人，还专门给他们建了个宅院，待遇还很优厚。然后，晋国派出使者秘密和王彦章接触，进行劝降。王彦章拒不投降，并且杀掉了晋国使者。

末帝朱友贞昏庸无能，朝政大事把持在一伙奸臣手里，这些人嫉贤妒能，使王彦章的军事才华不得施展，致使梁国连连失地。

后来，晋军攻下郓州，梁人举国惊恐，末帝束手无策。宰相敬翔急忙来见末帝，哭着说："先帝在世的时候，我的主意他无不采纳。眼下强敌扰境，如果陛下不听忠言，今日我就死在你的面前！"

❶语言描写

在关乎国家危亡之时，王彦章毅然接受了朝廷的任命。他能够成功地抵御晋军吗？

①末帝无奈，忙求计策。敬翔道："陛下，军情火急，非王彦章不可呀！"末帝这才同意了宰相的举荐，命王彦章为招讨使，负责抵御晋军。

王彦章带领骑兵，三天之内就攻下滑州南城，但终因兵少无援而失利。那帮奸臣趁势诬告王彦章是因酗酒轻敌而败，末帝听信谗言，撤了王彦章的职。

不久，唐军又来进犯兖州，末帝不得不再度起用王彦章。但这时强兵都已被奸臣所控制，只有京城中的五百骑御林军拨给王彦章指挥。这些御林军是新招募来的，根本不会打仗，没几天就败下阵来，王彦章也负伤被擒。

❷语言描写

结尾照应开头，王彦章和文天祥一样，他们忠于自己的祖国，永不背叛。所以他们才能人死留名。

②王彦章被押到唐庄宗面前，唐庄宗想劝他归顺。王彦章怒目而视，吼道："我王彦章是一介武夫，不懂经书礼仪，但俗话说'豹死留皮，人死留名'，哪有早晨效忠梁国，晚上又为唐国做事的道理？我与你血战十载，难道你还不了解我的脾气！"他的铮铮之声，仿佛至今犹在耳边回荡。

精华赏析

　　"人死留名"指人生前建立了功绩，要注意保护自己的节操，死后可以传名于后世。读完本文，我们需要了解怎样的人才能人死留名，王彦章和文天祥拥有怎样的一种气节。

延伸思考

　　1. 文天祥在怎样的情况下写下《过零丁洋》？
　　2. 王彦章和文天祥有怎样的共同点？

相关评价

　　故事中对王彦章事迹的叙述，已经说明了王彦章的军事才能，只是苦于受奸臣所累，以至于后期接连惨败。这则故事在表现末帝昏庸无能的同时，更凸显出了王彦章的崇高品德。

孺子可教

名师导读

　　"孺子可教"现形容年轻人有出息，可以造就。战国时期的张良是一位有名的谋略家，他的成名颇具传奇色彩，让我们一起看看吧！

　　张良是战国末期韩国的一位青年，一次，他刺杀秦始皇未成，就只身一人逃亡到了下邳。

　　一天清晨，张良在圯桥桥头遇见了一位头发花白的老人。①老人故意把一只鞋子踢到桥下，然后用命令的口吻对张良说："喂，小子，去给我把鞋捡上来！"

❶情景描写

　　一个神秘的老人，一次古怪的捡鞋经历，这些会给张良带来什么？设置悬念。

　　张良见老人年岁已高，出于礼貌，就走下桥捡来鞋子，递给了老人。张良原以为老人会感谢他，谁知老人翘起了一只脚，得寸进尺地对张良说："喂，小子，再给我把鞋穿上啊！"

　　张良心里十分不快，可转念一想：自己已经帮了老人的忙，索性帮到底吧！于是，他又按老人的要求照办了。

❷行为描写

　　老人一定不简单，张良能否把握住这次机会？

　　②张良给老人穿好了鞋，老人冲他微微一笑，理理衣衫，一句话也没讲，就扬长而去了。张良觉得这位古怪的老人一定有些来历，就悄悄跟着他一起走了一里多路。这时老人突然转过头对张良说："孺子可教啊！"说罢，老人与张良约定，五天后的黎明，两人在圯桥相见。

　　第五天黎明时分，张良就穿好衣衫，赶到圯桥赴约。谁知老人已先他而来了，正气恼地守候在桥头。老人责备张良道："年轻人，怎么迟到了？五天以后再来吧！"

又过了五天，张良半夜就起了床，匆匆赶到桥边。可他还是发现老人已经守在桥头等候他多时了。张良心里羞愧万分，红着脸请求老人原谅。老人拍着他的肩膀，嘱咐他："你回去吧，五天以后再来，可千万不能再迟到啊！"

①这一次，张良丝毫不敢怠慢，赴约那天，他一整夜都待在桥上等候老人。三更时分，老人赶来了。他见张良这次表现得很好，就从怀里拿出一本兵书，郑重地递给张良说："我叫黄石公，这本兵书是我珍藏多年的《太公兵法》，其中讲的是当年姜太公辅周灭商时用兵的谋略，你好好读它，将来会有用的！"

张良接了兵书，如获至宝。从此，他不忘黄石公的教诲，潜心学习，终于成了一名出色的谋略家。

❶承上启下··········

老人会不会满意张良这一次的表现呢？

精华赏析

这篇文章我们需要读懂黄石公的两次考验：第一次是捡鞋和穿鞋，黄石公认定了张良是一个可造之才；第二次是约定五日后的桥上再相见，这一次黄石公放心地把《太公兵法》交给了张良。从文章中我们可以了解怎样的人才能取得成就。

延伸思考

老人为什么觉得张良"孺子可教"？

相关评价

文章中对张良的描写采用了多种修辞手法，让人对张良的认知更为清晰。在刻画人物性格的同时，也体现出了张良的智慧，为张良取得的成就埋下了伏笔。

日暮途穷

名师导读

　　"日暮途穷"本意是天色已晚，路已走到尽头。比喻陷入困境，无路可走。楚平王是如何将相国之子伍员逼到日暮途穷的境地？伍员又是怎样转危为安的？

　　楚平王是春秋时期有名的昏庸无耻的国君之一。他宫中有无数美妃佳丽，却又强行将儿媳纳为王妃。

　　相国伍奢认为这件事有悖伦常，会遭到各诸侯国的耻笑，于是他多次面见楚平王向他陈说利害，坚决反对他的这种荒谬做法。但楚平王哪里听得进去半个字，最后竟恼羞成怒将伍奢杀死了。

❶承上启下

楚平王已经昏庸无耻到了极点，诛杀谏臣，灭人子孙。伍尚和伍员能否逃过一劫？

　　①杀死伍奢还不算，楚平王又颁下诏书，让伍奢的两个儿子伍尚和伍员进京，打算将他们一起杀死，以斩草除根，不留后患。

　　伍员接到诏书便识破了楚平王的险恶用心，劝哥哥伍尚千万不能进京，一去必死无疑，要他和自己一起逃到国外，然后再设法为父亲报仇。

❷叙述

伍员虽然逃到昭关，但是楚平王又何尝想不到他的心思。伍员能否成功出逃吴国？设置悬念。

　　伍尚为人愚忠，明知此去必死无疑，但总觉得不能违抗王命，于是按照楚平王的要求赶到京城，果然一去就被杀害了。楚平王至此并未甘心，他又命人画像，在楚国上下通缉伍员。

　　②伍员连夜出逃吴国。他昼伏夜行，披星戴月，风餐露宿，历尽千辛万苦，一口气走了十五天，他终于赶到了昭关。

楚平王想到伍员要逃出国去，便在各关设下重兵。昭关同样兵将众多，盘查甚严，但又别无他路可走。伍员无可奈何之际，只好躲进好友东皋公家。东皋公十分同情伍员的遭遇，他不惜冒着被杀头的危险，将伍员藏在家中，自己还多次出门为伍员寻找脱离险境的途径。①这次出门时，他特意叮嘱伍员说："昭关是通往吴国的唯一道路，所以盘查得非常紧，你待在家中，千万不要妄动，静候我的消息！"

东皋公一去七天，杳无音信。伍员想起父兄大仇未报，自己却身困楚国，一时难以脱身，急得日夜不安，寝食俱废。等到东皋公终于回到家中，看到伍员在几天之内须发皆白，不禁心生一计，他对伍员说："你现在须发全都变白了，别人无论如何也认不出你来，就连我刚进门时都以为家中来了别人。我现在看你的样子非常像我一位叫皇甫讷的好友，不如你与他换装，冒充他，如果他被抓住，你正好趁机出关。"

②按照东皋公的安排，伍员悄悄地闯出了昭关，又历尽辛苦才终于逃到吴国。吴王阖闾早就耳闻伍员武艺高强、谋略过人，见到他后，任命他为上将军。伍员得到重用，一心为吴国训练兵马，教他们排演阵法，不觉间已过了十年。

伍员决心为父兄报仇，他亲率大军攻打楚国。经过五次激战，楚军被吴军彻底击败，伍员一鼓作气攻入楚国都城——郢都。

此时，楚平王早已死去，但伍员心头怒气难消，他命人掘开楚平王的坟墓，将楚平王暴尸荒野，用手中的钢鞭将楚平王的尸体痛击三百下，才算解了心头之恨。

③事后，朋友申包胥指责伍员的行为过火，伍员说："我好比赶路的人，天色已晚，路途已尽（日暮途穷）才做出这种违背常理的事，你应该理解我。"

❶语言描写

伍员已经被楚平王逼到了穷途末路境地，吴国虽然就在眼前，但伍员似乎无路可走。

❷叙述

先是日暮途穷，现在终于柳暗花明，楚平王将要为他的所作所为付出代价。

❸语言描写

伍员曾经的遭遇，正如一个黑暗中路途已尽的人，那种身处绝境中的心情不是一般人可以理解的。

注释

寝食俱废：指觉也不睡，饭也不吃。形容极其焦虑不安或痛苦悲伤。

精华赏析

绝望不只能摧毁一个人，它还能锻炼一个人。伍员身处日暮途穷，终寻得一线生机。从他成功逃到吴国的那一刻，我们也就知道了楚国的结局。楚平王的昏庸无耻让他付出了国破家亡的代价。

延伸思考

1. 楚平王为什么要杀伍员和伍尚？
2. 伍员是怎样逃出昭关的？
3. 楚平王的所作所为最终给他带来了怎样的报应？

相关评价

故事中对伍员的情节描写，将角色的隐忍很好地表现了出来。楚平王昏庸残暴、枉顾伦常，伍员智勇双全、重情重义，两者对比之下反差强烈。正是楚平王给伍员带来的日暮途穷，才让伍员变得愈发刚强。

四面楚歌

名师导读

　　"四面楚歌"比喻四面受敌，到了孤立无援的窘迫境地。项羽被汉军包围，本还有一战之力，但是张良出了什么计策，让他不战而败？

　　公元前 203 年，西楚霸王项羽与汉王刘邦相约，以鸿沟为界，东属楚，西归汉，双方罢兵言和。

　　第二年，刘邦趁项羽信守条约的时机，马上命韩信、彭越与他合兵一处，形成强大的兵力，以迅雷不及掩耳之势，向楚军发起进攻。

　　①刘邦的这一举动，使项羽猝不及防，匆忙率军应战。此时的楚军哪里是汉军的对手，楚军一战即败，被汉军追到垓下。韩信又设下"十面埋伏"之计，像铁桶般地将楚军围住。

　　当时，项羽帐下尚有数员大将和八千精锐士兵。他们个个骁勇善战，汉军一时难于将他们歼灭。

　　相持数日，刘邦有些不耐烦，准备下令强攻。韩信劝阻说："现在楚军已成瓮中之鳖，无路可逃，但他们的战斗力却不能轻视。如果我们一味硬攻会给我军造成无谓的伤亡，还很有可能给项羽制造突围的机会。我们不妨想个万

❶叙述

　　项羽被汉军层层包围，本就无路可逃。汉军又将使用什么计策突破楚军的防线最终击溃楚军？引出下文。

201

全之策。"

❶语言描写

这便是四面楚歌的真实由来。不战而屈人之兵才是上策，张良的计策抓住了楚人的思乡之情。汉军用歌曲战胜了项羽。

①张良献计说："我们可以让汉军大唱楚地民歌，引起楚军的思乡之情，让他们丧失战斗力。"

这天夜里，一轮明月踱出薄薄的云层，在阵阵秋风中，残枝落叶簌簌作响，仿佛是无可奈何的叹息。张良走出军帐，吹起竹箫。箫声悠悠，像在抒发异乡游子思念故土的情怀；又像少妇忧心情人的缠绵哀伤；更像白发老母倚门盼望儿子平安归来的深情。汉军听到箫声，马上随着唱起了楚地的歌曲，那哀怨凄凉的曲调，低沉婉转的歌声是那样令人揪心。歌声、箫声阵阵传入楚军大营。

项羽在营帐中正为突围之事愁眉不展，身边爱妃陪他喝酒解闷。忽然听到四面传来的楚歌，不禁惊诧。他失神地说："完了，难道刘邦已打下了西楚？怎么汉营里有那么多的楚人呢？"

听到楚歌项羽想起不堪回首的往事，忍不住唱起悲歌来：

力拔山兮气盖世，时不利兮骓不逝。
骓不逝兮可奈何，虞兮虞兮奈若何？

❷情景描写

"四面楚歌"之计后，楚军就已经面临必败的结局，项羽的死亡无可挽回。

②项羽一连唱了几遍，虞姬也跟着唱了起来，项羽禁不住流下了眼泪。虞姬为了让项羽毫无牵挂地突围，毅然挥剑自刎了。

项羽突围至乌江，最后身边只剩下二十八名骑兵。他感到无颜面见江东父老，便拔剑自尽。秋风为之悲，江水为之泣。

精华赏析

"兵者，诡道也"。战事的起伏在很多时候靠的并不是兵力的多少，而是双方对谋略的应用。战场上变化多端，有勇有谋才能笑到最后。

延伸思考

1. 楚军为什么一战即败？
2. 张良给刘邦献出什么计策来对付项羽？

相关评价

项羽的勇猛流传至今，最后落得败亡的结局，文中对环境的描写将项羽的结局衬托得愈发悲壮。而获胜方的韩信和张良计谋层出，说明了谋略的重要性。这则故事也让后人看懂了"兵不厌诈"的道理。

三人成虎

名师导读

　　"三人成虎"指谣言多人重复述说，就能使人信以为真。魏国大臣庞葱陪同太子到赵国去做人质，他本来完成了国家交付的任务，理应受到封赏，但却反而被排挤，这是怎么回事？

　　东周后期，礼崩乐坏，周天子对他所辖的诸侯国越来越失去约束力，天下几乎到了群龙无首的地步。

❶**叙述**

　　介绍了故事发生的背景，这是诸侯国互相征伐的时代，各种阴谋诡计必然也会层出不穷。

　　①诸侯国为了扩大自己的势力，便相互大加征伐。接着便是不断地签订盟约。为了能使盟约顺利地实施，双方互换人质就成了一种保障。

　　魏国与赵国订立盟约，魏国大臣庞葱将陪同魏太子到赵国去做人质。这是一件不容易办好的事情，因为庞葱担心他陪太子到赵国去以后，魏国的一些大臣会在背后向魏王进谗言。于是，在临行前，庞葱把这种担心十分委婉地向魏王说出。

❷**语言描写**

　　庞葱为什么会问魏王这个问题，这与他被派到赵国去有什么关联？设置悬念。

　　②庞葱道："大王，如果有人对您说，他在集市上看到一只老虎，您会相信吗？"

　　魏王听后摇摇头说："我当然不信！"

　　庞葱接着又问："如果又有人对您说，他也在集市上看到了老虎，您还会不信吗？"

　　魏王略加思忖，说道："我不能全信，但又不能不信。"

　　庞葱心中已不太好受，又说："假如又有第三个人对您说，他在集市上确实看到了老虎，大王您会以为怎样呢？"

这时，魏王明确地说："我相信确有其事。"

①庞葱满心忧虑地说："老虎不会出现在集市上，这是再明显不过的事情。但因为有三个人对您说他们在集市上看到了老虎，您就信以为真了。现在我要陪太子到赵国去，从我们魏国都城大梁到赵国都城邯郸，比从王宫到集市不知要远多少倍。如果有人在大王面前进谗言，说我的坏话，您既不能去调查，我又无法申辩，请大王务必慎重处理，臣才能放心而去。"

魏王认真地看着庞葱，说道："我已明白了你的意思，你放心去好了。"

②一切果真被庞葱言中。他陪同太子到达赵国不久，就有人向魏王报告说，庞葱在赵国根本不保护太子，每天只与赵国的大臣们饮酒谈天。魏王没有把这事放在心上。

过了一段时间，又有人向魏王道出，庞葱在赵国有背叛魏国的苗头，要魏王注意。这时，魏王表面上虽然没有什么表示，心中却产生了怀疑。

没过多久，第三个人又来向魏王说庞葱的坏话了，心存怀疑的魏王有些相信，但他想起庞葱临去赵国前对他说的那番话，便没有采取什么行动。

③庞葱到了赵国后，在那里的一言一行、一举一动都十分谨慎。不敢与赵国大臣太亲近，以免引起魏太子怀疑他叛国；又不能与赵国大臣太疏远，担心他们不高兴。庞葱处境艰难。

三年时间过去了，庞葱陪同太子回到魏国。魏王向太子问起庞葱在赵国时的表现，太子没做正面回答，闪烁其词。这就使魏王难下决断，但其实心头早已蒙上了抹不去的阴影。

按惯例，庞葱完成了陪太子去赵国的任务，理应受到封赏，但魏王不仅没有封赏庞葱，甚至连庞葱请求召见以

❶语言描写 ⋯⋯⋯⋯

庞葱给魏王陈述的正是三人成虎的道理，他害怕自己会被奸臣所害。魏王会满足他的请求吗？

❷叙述 ⋯⋯⋯⋯⋯

庞葱的担忧果然成真了，魏王看似并没有被谗言所影响，但他能够一直坚守本心吗？

❸行为描写 ⋯⋯⋯

庞葱害怕自己被谗言所害，所以在行为上表现得极为谨慎，但事实真会如他所愿吗？

复王命这样的事都被魏王拒绝了。庞葱叹道:"唉,人心险恶,真是'三人成虎'啊!"

精华赏析

谣言是一种很可怕的力量,本来不可能发生的事,被多人述说后也会变成"事实"。故事讽刺了魏王的无知,告诉人们不可偏信的道理。

延伸思考

庞葱为什么要给魏王讲"三人成虎"的故事?

相关评价

故事的情节结构层层递进,让读者看到一篇精彩故事的同时,也将故事中的寓意传达了出来。这则故事告诉我们:坚守本心的难能可贵,也说明人言可畏的道理。

师出无名

名师导读

"师出无名"的意思是出兵打仗没有正当的理由。项羽进军咸阳，烧杀抢掠，失尽人心。刘邦虽有争权之心，却仍有诸多顾虑，他将采取什么方法达成自己的目的呢？

公元前206年，刘邦率军进驻灞上，兵临秦都咸阳城下。秦王子婴见大势已去，只得束手就擒。①刘邦进入咸阳后，命人把秦宫中的珠宝财物统统封存起来，并与城中老百姓约法三章，表示决不做残害百姓的事，然后率军出城，回驻灞上。

不久，项羽浩浩荡荡杀至函谷关。他听说刘邦在咸阳城内收买人心，想在关中称王，不禁大怒，想除掉刘邦。刘邦自知敌不过项羽，只好亲自前去求见项羽，再三声明自己不敢在关中称王。项羽见刘邦态度诚恳，就打消了杀他的念头。

②几天后，项羽率军进入咸阳，命人处死了秦王子婴，并下令放火焚烧了秦宫。四十万楚军在城内大肆杀戮、任意掳掠，整个咸阳成了一座人间地狱。不久，项羽在彭城自立为西楚霸王，给了楚怀王徒有虚名的"义帝"称号，但不久就暗中将其杀害了。项羽这些残暴的举动，引起了诸侯的强烈不满，纷纷指责他滥施暴力、大逆不道。

这时，汉王刘邦领兵到了洛阳。新城三老董公向他献

①叙述

刘邦攻入咸阳，不劫财、不扰民，颇得人心。他收买人心的行为实际上表露了称王的野心。

②叙述

项羽在咸阳的作为实在是不得民心，与刘邦的行为形成鲜明对比。

❶语言描写

项羽虽失去了民心，但刘邦要攻打他还需要一个正当的理由以获取支持。董公深谋远虑，很有见解。

计道：① "自古以来，顺德者昌，逆德者亡；师出无名，事不能成。当前项羽倒行逆施，残害了义帝，为天下人所痛恨。您可乘此时机，兴仁义之师，以替义帝报仇为名去讨伐项羽。这样一来，天下的诸侯都会仰慕您的德行，听从您的命令。"

刘邦听了觉得很有道理，就采纳了董公的建议。于是刘邦亲自为义帝发丧，派使者去给诸侯发号施令，说："天下共立义帝，我们作为臣子都尊他为天子。现在项羽在江南杀害了义帝，实在是大逆不道啊！我亲自为义帝发丧，我的三军将士都穿着白色孝服，哀悼君王。现在我要兴仁义之师，愿随诸侯一起去讨伐杀害义帝的项羽！"

从此，刘邦宣布同项羽决战，经过多年的"楚汉战争"，终于建立了大汉政权。

精华赏析

项羽或许是一个英雄，但确实不会是一个仁君。他的悲剧再次印证了"得民心者得天下"的正确性。从另一方面来说，刘邦之所以要师出有名，是因为战争从来不是单纯的武器对抗，而是民心的对抗。如果师出无名，除非双方实力悬殊，否则很难取得最终的胜利。

延伸思考

董公为什么让刘邦以替义帝报仇为名讨伐项羽，而不是直接出兵与之对抗？

相关评价

故事以刘邦和项羽入城后的表现做对比，两者的不同之处清晰明了，将刘邦的机智显现而出。这则故事在体现战场上智谋重要性的同时，也体现出了民心对战势的影响力。

T

同流合污

名师导读

　　"同流合污"指跟坏人一起干坏事。这个成语原是孔子用来批判"好好先生"的。但孟子的弟子万章对孔子的主张提出了质疑，孟子将如何解答呢？

　　《论语》和《孟子》在我国历来被奉为儒家学说的经典著作。①这两部书中，重点讲的是修身、治国的理论，其中也有部分内容涉及如何观察人、了解人，让人们对这些方面有所掌握。

　　孟子有个弟子叫万章。有一天，孟子与万章讨论孔子为人处世的准则。因为当时人们对这个问题都非常感兴趣，特别是在诸侯群雄争霸中，各国国君都找有学问的人去为他们担当顾问，于是如何为人处世就成了人们讨论的焦点。

　　万章认为，既然孔子一生中一贯主张实行中庸之道，那么对于言行过于激烈，有违中庸准则的人就应该持反对态度，但《论语》中却记录了孔子受困陈国，怀念言行偏

❶叙述

　　介绍《论语》《孟子》所涉及的内容，为下文作铺垫。

✎读书笔记

注释

中庸之道：指不偏不倚，折中调和的处世态度。

激的人的事情。

于是，万章向老师孟子请教说："孔老夫子在陈国时，曾一度思念鲁国那些行为比较狂放的人。我真不理解这是为什么，请老师为我解释一下。"

孟子听了万章的话，知道他是真想将这个问题弄明白，便对万章说：① "狂放的人在讲话做事时确实有时把握不住分寸，往往显得过火，但我们在看到这一点的同时，还应该注意到另外一个方面，那就是，这些人的精神都是积极向上的。当然，我们能与言行都恰到好处的人交朋友是最好不过了，只可惜，生活中这样的人太少了，所以我们只好退而求其次，与那些言行狂放的人做朋友。"

❶ 语言描写

以狂放之人和言行得当之人为例，说明真正能作为朋友的人很少。

孟子认为自己已经将孔子怀念狂放行为的人的事说清楚了，便接着阐述孔子交朋友的标准："孔老夫子只接触三种人，第一种是言行符合中庸的人；第二种是狂放的人；第三种是不做坏事的人。那么，你知道孔老夫子最痛恨和最瞧不起的是什么人吗？"万章听了，摇摇头。

孟子接着说："那就是'好好先生'。这种人，即使从孔子的家门口经过而不去看他，他事后都不会感到任何遗憾。"

❷ 语言描写

承上启下，用疑问句引出下文。

②万章听说孔子如此看不起"好好先生"，但不知道"好好先生"是怎样一种人，便急忙问孟子："先生，孔老夫子所说的'好好先生'到底是怎样一种人呢？这种人为什么令孔老夫子如此讨厌？"

❸ 语言描写

孟子认为孔子之所以讨厌"好好先生"，是因为他们虽然表面上看起来忠厚，内心却充斥了各种恶劣的习性。

孟子解释说："这种人嘴上说一套，实际做一套，不求有什么大的作为，只求敷衍了事，能过得去就心满意足。他在与别人相处时非常圆滑，能做到八面玲珑，四面讨好。"万章点头称是，这种人他也接触过。

孟子又说："这种人也很难对付，你要批评他吧，又找不出他什么明显的错误；想要责骂他呢，又抓不住确凿的证据。③这种人的圆滑世故就在于他的所作所为迎合时尚，屈从风俗（同乎流俗，合乎污世），表面忠厚老实，内心自私自利，不问是非曲直，只计利害得失，而且大多数人对这种做法都很认可。这是与中庸之道完全背道而驰的，所以孔子最瞧不起这种人。"万章又点了点头，表示理解了其中的意义。

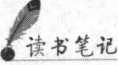

读书笔记

精华赏析

　　儒家的为人处世之道值得我们深思和学习。文中谈到的"好好先生"是不是让你有一种似曾相识的感觉？的确，在现实生活中有很多这种八面玲珑、自私自利的人。尤其是在当今社会，这甚至成了一种生存的技能，得到了广泛的认同。儒家所崇尚的中庸之道，离我们越来越遥远，这是当今道德文明的悲哀。

延伸思考

　1. 万章提出了什么样的疑问？
　2. 孔子为什么瞧不起"好好先生"？
　3. 孔子提倡中庸，却为什么愿意与言行狂放的人交往？

相关评价

　　孟子将言行得当之人列为最佳，狂放之人次之，最后是不做坏事的人。而对八面玲珑的自私之人最为不屑。故事围绕着孟子和万章的对话展开描述，向世人传达出正确的为人之道。

图穷匕见

名师导读

"图穷匕见"比喻事情发展到了最后，真相或本意显露了出来。这个成语讲的是燕太子派壮士荆轲刺杀秦王的故事，让我们一起去看看吧！

❶**叙述**

简述当时的政治格局和燕国的紧急形势，为下文燕太子派荆轲刺杀秦王作铺垫。

①战国末年，秦王嬴政登上了王位，开始策划兼并其他六国。公元前227年，秦国在灭掉了韩、赵两国后，立即瞄准下一个要吞并的目标，挥师北上，直指燕国。

燕国的太子丹找到一个名叫荆轲的壮士，准备刺杀秦王。太子丹为荆轲准备了一把无比锋利而且浸过烈性毒药的匕首，还准备了两件会使秦王高兴的礼物：一件是秦王一直在缉拿的叛将樊於期的头颅；另一件是一张燕国督亢地区的地图，假称燕国打算将这块地方献给秦国。

荆轲扮作燕国的使者来到了秦国都城咸阳，用重金买通了秦王的宠臣，得到了进见秦王的机会。

❷**动作描写**

在刺杀秦王前，荆轲做足了准备，"昂首阔步"表现了他的镇定。刺杀任务能否成功？设置悬念。

②见秦王的那天，荆轲小心翼翼地把匕首卷在地图的最里层，严严实实地封好。秦王的大殿前，戒备森严，荆轲昂首阔步走上台阶，向秦王施了礼。秦王首先验明了樊於期的头颅，感到十分满意，然后满怀期待地让荆轲展开要献的地图给他看。地图慢慢地展开了，差不多快到尽头时，匕首一下子露了出来！

秦王大吃一惊，荆轲马上操起匕首，左手拽住秦王的衣袖，右手举起匕首向他猛刺过去。秦王拼命挣扎，把衣袖都扯破了，总算躲过了刺向他的匕首，然后绕着殿中的大铜柱奔跑，一边躲避身后紧追不舍的荆轲，一边试图拔出身上佩带的剑。可是秦王的剑太长了，越急越拔不出来，旁边的朝臣个个吓得魂飞魄散。正在这万分危急之时，秦王的御医急中生智，端起药囊向荆轲砸去。①荆轲一怔，秦王乘机拔出剑来，砍断了荆轲的左腿。荆轲忍住剧痛，使出全身力气，将匕首朝秦王掷去。秦王急忙避闪，匕首击在铜柱上，碰出点点火星。秦王对荆轲连砍八剑，荆轲还骂不绝口。卫兵一拥而上，将荆轲乱刀砍死。

经过多年的征战，秦王陆续灭掉了六国，统一了中国，成为中国封建社会的第一位皇帝——秦始皇。

❶动作描写

可谓险象环生、惊心动魄。荆轲被杀前依然不肯屈服，英雄气魄和悲壮行为令人感动、唏嘘。

精华赏析

荆轲行刺秦王虽然以失败告终，但他表现出来的沉稳镇静和勇敢无畏的英雄气概却足以使他被后人称颂。荆轲虽败犹荣，他用他的生命去完成自己的使命，他是一个铁骨铮铮的悲剧英雄。

延伸思考

1. 燕太子为什么要派荆轲刺杀秦王？
2. 燕国为刺杀秦王做了哪些准备？
3. 请谈谈你对荆轲的看法。

相关评价

文章中对荆轲一系列的动作描写，表现出了荆轲的勇敢和冷静，无愧英雄之名。荆轲最终虽未能如愿以偿，但他的英雄气概值得人们去传颂。

闻鸡起舞

名师导读

　　"闻鸡起舞"意思为听到鸡叫就起来舞剑练武，指有志报国的人及时奋发努力。出自《晋书·祖逖传》，故事的主人公是刘琨和祖逖。他们为何如此勤奋刻苦呢？

　　刘琨，字越石，河北人，他与刘备一样，同是中山靖王刘胜的后代。刘琨的诗文在东晋时十分有名，他的作品雄浑悲壮、气势磅礴，在我国文学史上享有很高的地位。

　　公元 310 年，晋怀帝在位期间，刘琨出任并州刺史。当时历经连年战乱，并州这个地方人员大幅度减少，生产遭到严重破坏，百姓更是颠沛流离、苦不堪言。

①叙述

刘琨出任刺史，积极为民众谋求福利，兢兢业业、爱民如子，是一个尽职尽责的好官。

　　刘琨到任后，立即着手恢复生产。①他奏请朝廷调拨五百万斛粮食和大批农业生产物资，招纳流民，开垦田地。同时，安抚少数民族，与他们和睦相处。几年之后，他治理下的并州，粮库充实，百姓安居，生活一天天地好了起来。

　　就在这时，仁、氐等少数民族突然派骑兵大举东进，

注释

颠沛流离：形容因战乱灾荒或生活艰难等四处流浪。颠沛：遭受挫折或困难。

流离：四处流浪。

直逼晋朝的首都。刘琨立即带领并州的精锐部队赶赴前线，抵御他们的进攻。

谁料，刘琨率兵刚刚离开并州，屠各族的骑兵便乘虚将并州攻破了。刘琨的父母及亲属全都死在了屠各族骑兵的屠刀之下。惨痛的家庭遭遇使刘琨痛不欲生，但也更加激励了他北伐中原、收复失地的决心。

刘琨有位好朋友叫祖逖，他是河北范阳人，字士稚。祖逖家中非常富有，是当地的名门望族。

祖逖自幼就慷慨大方，特别愿意帮助穷苦人。①他常常到农村走访，遇到生活困难的人家，就以他哥哥的名义送去粮食和衣物。由于他乐善好施，附近的人们都非常敬重祖家。

祖逖从小失去父母，是哥哥将他抚养大的。他生性不喜欢读书，长到十四五岁时，连书本都没有碰过一下。为此，他哥哥非常犯愁。但到十六岁时，祖逖下决心勤奋读书。

由于他记忆力超群，理解力极强，没过几年便成了既有大志，又有谋略的人才。后来祖逖来到京城，在那里更加刻苦地学习。②与他交往的人都预言说，这位祖逖一定会成为一名支撑国家大局的重臣。

祖逖二十四岁时，被阳平郡推荐为孝廉，但他推辞了。不久，他与刘琨一起到司州任主簿。

他们二人意气相投，很快成为密友。他们形影不离，白天一起吃饭，夜间同盖一条被子。处理完公事后，他们便在一起吟诗作对，登山涉水，陶冶情操。③他们最热衷于切磋武艺，因为他们心中时时都在想着北伐中原，收复失地。

一次，他们二人畅谈未来，很晚才睡去。刚睡到半夜，听到鸡叫声，祖逖马上叫醒刘琨，对他说：

"这声音多亮啊，它在提醒我们起床练武（闻鸡起舞）。"

❶叙述
祖逖乐善好施，以哥哥的名义捐赠说明他不贪图虚名。

❷侧面描写
侧面表现了祖逖的过人才华。

❸叙述说明
刘琨和祖逖能成为挚友，很大原因是因为他们志趣相投，都有远大的抱负。

215

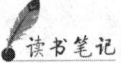
读书笔记

刘琨听到祖逖的招呼，立即起身，披上衣服，一起来到院子里。从此他们坚持"闻鸡起舞"，无论是刮风下雨，还是酷暑严寒，从没间断。功夫不负有心人，经过长期的刻苦训练，他们练就了高强的武艺，磨砺出坚强的意志，最终都成了东晋著名的将领。

精华赏析

本文讲述了刘琨和祖逖的生平概况，两人以收复中原失地作为目标，经过坚持不懈的刻苦努力，终是取得了成就。故事结构清晰，前因后果以及过程都描述得清晰入目，表达了成功并非朝夕之功的道理。

延伸思考

1. 刘琨为什么立志北伐中原、收复失地？
2. 祖逖有哪些优秀的品格？
3. "闻鸡起舞"的故事对你有什么启示？

相关评价

刘琨和祖逖能成为东晋著名将领，原因是多方面的：首先，他们有远大的抱负；其次，国仇家恨和爱国精神为他们提供了巨大的动力；另外，他们勤奋刻苦，为实现梦想付出了很多心血和精力。

亡羊补牢

名师导读

"亡羊补牢"比喻出了问题及时采取措施补救，以免再出问题。楚襄王执政后国家内忧外患，而他却耽于享乐，楚国的历史将会怎样发展呢？

战国末期，楚国已由强盛走向衰败。特别是楚襄王即位以后，他任命奸臣子兰为令尹，自己躲进深宫整日整夜与后妃们寻欢作乐。

①子兰把持朝政后，小人得志，贤臣失意。朝纲破坏殆尽，国土逐渐被他国蚕食，百姓生活在水深火热之中，苦不堪言。

老臣庄辛看到这样的情况，心中十分焦虑。他觉得为了国家安危、社稷存亡，再也不能沉默下去了。于是他闯进深宫去劝谏楚襄王。庄辛对楚襄王说："大王，您不能只吃喝玩乐，将朝政与国家大事丢在一旁不管。现在令尹子兰专权妄为，排斥异己，迫害贤臣，长此下去，楚国堪忧啊！"楚襄王正在宫中与爱妃饮酒作乐，看到庄辛闯进来斥责自己，他哪里容得了，心中顿时升起一团怒火。他怒不可遏地高声骂道：②"你一定是老糊涂了，我们楚国平安无事，你凭什么说出这样不吉利的话来？你没看到大王我正忙着，还不快快给我滚出去！"

庄辛回到家中，想想自己偌大年纪，出于对国家的一片赤诚闯宫进谏，却遭到昏君的一顿辱骂，深感伤心。一气之下，庄辛带着全家迁到赵国去了。

① **叙述**

楚国奸臣当道，内外交困，陷入了巨大的危机。然而楚王却仍然懵然不知，实在是昏庸无道。

② **语言描写**

表现出楚襄王整天寻欢作乐，根本不了解国内的具体情况。

❶叙述

庄辛的话很快变成了现实，楚襄王为自己的行为付出了沉痛的代价。这为下文楚襄王诚心向庄辛悔过、求教作铺垫。

❷暗喻

"养羊人"暗喻楚襄王，庄辛这一次没有直接斥责君主，而是巧用养羊人的故事来告诉楚襄王："亡羊补牢，为时不晚。"

①庄辛迁走不久，秦国派大将白起率强兵悍将直扑楚国。秦军来势之猛，犹如虎狼闯入羊群，杀得楚军兵逃将散。秦军很快攻破郢都，楚襄王仓皇出逃，直跑到阳城才暂时脱离险境。楚襄王在阳城逐渐冷静下来，才想起庄辛闯宫劝谏的话，追悔莫及。他开始悔恨自己的过去，立即派人去赵国接庄辛回来。

楚襄王见到庄辛马上说："当初我听不进您的金玉良言，才使国家沦落到如此地步，说来令人痛心。事已至此，我以后该怎么办，请爱卿为我出出主意！"

庄辛见楚襄王真心实意来请教，便对他讲了一个故事："从前有个人养了一圈羊，这一天，好心的邻居来告诉他，说他家的羊圈有一个大缺口，并认真地对他说：'你应该将羊圈好好地修补一下，不然你的羊会丢失的。'这位养羊的人听了邻居的话，根本没有往心里去。不久，他到羊群中一数，果然丢了一只羊。这时，又有人来提醒他修补羊圈，他却说：'羊已经丢了，还补什么圈呢？'第二天又丢了一只羊。②养羊人此时想起了邻居们的话，马上动手将羊圈修补好。从此，他再也没丢过羊。楚国虽然吃了败仗，但国家还没有亡，现在振作起来还不算晚。我们现在马上打起精神，好好总结经验，吸取教训，千万不可灰心丧气。"楚襄王听了庄辛的故事后感动不已。

精华赏析

做错事不可怕，可怕的是执迷不悟、一错再错。楚襄王当初不听劝谏，差点儿酿成大错，好在他能知错就改。人难免走弯路、犯错误，只要能知错就改，就尚存一丝希望。

延伸思考

楚国为什么会陷入严重危机？

相关评价

　　本文以楚襄王为例，讲述楚襄王前后的行为转变，体现出了知错能改的重要。文中庄辛的智慧毋庸置疑，以亡羊补牢的故事提醒楚襄王，避开了如先前一样的直白谏言，又将道理清晰地传达给了楚襄王。

笑容可掬

名师导读

"笑容可掬"出自《三国演义》，原文为："果见孔明坐于城楼之上，笑容可掬，焚香操琴。"这描述的便是著名的"空城计"。当时的情形到底是怎样的呢？让我们一起重温这段传奇历史吧！

公元228年，诸葛亮发动了第一次北伐曹魏的战争。从战略上看，这次北伐的时机并不成熟。蜀军在街亭（今甘肃省天水市秦安县陇城镇）受到魏军的重创后，形势十分不利。为了挽救败局，诸葛亮根据敌我双方的形势，做出了战略性退却的决定。

在蜀军退到西城（今陕西省安康市）的时候，偏偏冤家路窄，魏军主帅司马懿率领十五万大军追杀而来。司马懿十分得意，满心想对诸葛亮来一个"瓮中捉鳖"。

①诸葛亮的情况十分不妙：他的身边没有大将，只有二千五百名士兵留在西城守卫。要打，打不过魏军主力；要守，守不住一个小时；要跑，更是跑不掉。左右随从和官员们个个大惊失色，魂不附体。诸葛亮登上城楼一看，只见东北方漫天尘土，魏军已经向西城扑来，在这千钧一发之际，诸葛亮眉头一皱，计上心来。

❶叙述

分析了诸葛亮所面临的困境，攻、守、逃均不可行。从蜀军方面来说，"空城计"可能是唯一的机会了。

他传令士兵：城头旌旗全都收藏起来，大开县城的四个城门；每个城门内外，由二十个士兵扮作老百姓清扫街道，不得惊慌乱动；诸军官各守岗位，不得慌张，否则立即处死。诸葛亮自己带着两名小童，在城楼上倚着栏杆坐下，悠然自得地弹起琴来。

司马懿来到城下，只见诸葛亮坐在城楼上，羽扇纶巾，焚香抚琴，笑容可掬，若无其事。①司马懿知道诸葛亮一向用兵谨慎，从来不冒险，今天却城门大开，这不明明是引诱魏军去上当吗？他越想越怀疑城里有重兵埋伏，于是急忙命令部队撤走了。

诸葛亮足智多谋，化险为夷，这就是有名的"空城计"。

①心理描写·········

司马懿也是个极其聪明的人，可惜聪明反被聪明误，诸葛亮正好利用了他的多疑化解危机。

精华赏析

诸葛亮的临危不乱、神机妙算、出奇制胜令人拍案叫绝。这场对阵说明了一个道理：危机来临时，慌乱有害无益。我们要让自己冷静下来，积极地寻找解决办法，方能化险为夷。

延伸思考

1. 蜀军面临怎样的危机？
2. 司马懿为什么不敢攻城？

相关评价

文中对诸葛亮所处境地的描述简单明了，将当时看似必败的局势呈现而出；对诸葛亮焚香抚琴的神态和动作描写，更是刻画出了诸葛亮的传奇形象。

下笔成章

名师导读

"下笔成章"形容文思敏捷，文章写得很快。曹植七步成诗的故事广为人知，然而他虽然凭才智逃过一劫，曹丕却不肯轻易放过他，再一次出难题考他。这一次，曹植能否成功化解危机吗？

曹植是三国时魏武帝的儿子，和魏文帝曹丕是亲兄弟，他的《七步诗》脍炙人口。曹植正是以诗、辞、赋的优异表现在中国文学史上占有一席之地。

❶叙述

曹植前后期诗风的变化，反映了人生的转折。

曹植现在存世的诗及其残篇有百余首。①前期作品多写建功立业的豪情壮志；后期由于受到曹丕和魏明帝曹睿的猜忌迫害，作品语带激愤，常常抒发报国之心和压抑之痛。他的五言诗成就很高，感情朴实真挚，《赠白马王彪》为其代表作，影响极为深远。

曹植向来以文思敏捷著称。曹丕当上皇帝以后，有一次与曹植同乘一辆马车去郊外游玩。行至一座旧城时，忽然不知从哪儿蹿出两头牛，在废弃的街巷前争斗起来。一会儿你冲过来，一会儿它顶过去。曹丕就叫马车停下，在那里观看。

❷叙述

曹丕定下这么苛刻的条件，可见其歹毒的用心。引出下文。

不一会儿，一头牛斗败了，被顶到一口枯井里摔死了。②曹丕本来看得正起劲儿，现在有些扫兴了，于是便出了个坏主意，让曹植根据刚才的场面作一首《死牛诗》，并定下了十分苛刻的要求：诗中不准出现"牛"字、"斗"字和"死"字，而且必须在马跑完百步之内写成四十字诗，否则就要对曹植施斩刑。

曹丕说完，顺手抛下笔墨，让曹植下了车，然后策马疾驰。

曹植赶紧抓起笔，不假思索地写道："两肉齐道行，头上戴凹骨（牛角）。相遇块山下，欻起相搪突（斗架）。二敌不俱刚，一肉卧土窟（坠井）。非是力不如，盛气不泄华（不愿残害对方）。"

①诗写完了，马还没跑完百步。曹丕的坏主意没有得逞。

俗话说："冰冻三尺，非一日之寒。"曹植有这番功夫，除了天赋之外，更重要的是从小就开始的勤学苦练。他年幼时就已展露才华，之后人们用"绣虎"称赞他的文章十分华美。南朝大诗人谢灵运用"天下才共一石，子建独得八斗"来称赞其"才高八斗"。

有一次，曹操看了他的文章，觉得其文内容深刻、文辞清新隽永、气魄格外豪壮，竟然不相信是自己儿子写的。他把曹植叫来，问道："这篇文章如此不成体统，是谁代你写的？"他故意这样说，是想诈出曹植的代笔人。②曹植一时摸不着头脑，但是他很诚实，就说："回父亲大人话，不管文章好坏，都是孩儿自己写的。我言出为论，下笔成章，为什么要找别人代写呢？如果您不相信，可以出个题，孩儿马上写一篇。"

❶叙述·········

曹植竟提前写完了诗，表现了他的才思敏捷。

❷语言描写·········

面对父亲的质问，曹植没有逃避，而是勇敢地承认。一方面表现了他的诚实，另一方面证明了他的才华。

精华赏析

曹植凭借自己敏捷的才思多次脱险，令人惊叹。赞叹之余，我们也应认识到他之所以能够在关键时刻文思泉涌、下笔成章，是与平时的积累分不开的。"不积跬步，无以至千里"，若想到达一个令人仰望的高度，只有一步一步、踏踏实实地向目标靠近。就算我们不能像曹植一样成为一个大才子，但那种超越自我的满足感也足以让人欢欣鼓舞。

延伸思考

1. 曹植前后时期诗风有什么变化？
2. 曹丕为什么定下那么苛刻的条件让曹植作诗？
3. "冰冻三尺，非一日之寒"，结合曹植的故事谈谈你的看法。

相关评价

故事中对曹丕出题的细节进行描写，很好地将该人物的阴狠性格表现而出。而曹植冷静敏捷的应对更让人拍手叫好。

言不由衷

名师导读

"言不由衷"是指话不是打心眼里说出来的,即说的不是真心话。形容心口不一。这个成语是《左传》中对周朝和郑国政治斗争的总结。周朝和郑国之间到底发生了什么事呢?

公元前 806 年的西周时期,周宣王的弟弟姬友被封于郑地(今陕西华县东),也就是郑桓公。他在郑地很受百姓爱戴。周幽王即位后,任他为司徒。

①周幽王在位时荒淫残暴,郑桓公预计西周王朝将要垮台,便听了太史伯的话,把部族、财产及其家属迁移到东虢国(今河南荥阳东北)和郐国(今河南新密东南)之间的地带。

不久,周幽王被申侯联合西部的犬戎族杀死,桓公也在这次动乱中被杀。后来,他的儿子郑武公灭了东虢国和郐国,建立了郑国,国都在新郑(今河南省境内)。

公元前 761 年,郑武公娶了申侯的女儿为夫人,叫作武姜,生了寤生和共叔段。

郑武公去世后,寤生继位,他就是郑庄公。

郑武公和郑庄公父子俩先后都担任过东周周平王朝廷

❶叙述

郑桓公认为西周离亡国不远了,因此决定将国家迁至他处,此为郑国建立的前奏。同时也透露了周、郑貌合神离的实质。

❶叙述

周平王分权给他人，引起了郑庄公的不满，这是周、郑交换人质的原因。二者之间的矛盾虽然显现，但还未激化。

的卿士，很有权势。①当郑庄公任卿士的时候，周平王同时又信任另一个贵族虢公忌父，让他分掌一部分权力。

郑庄公对此十分不满，怨恨周平王。这时周室衰微，郑国又正处于鼎盛时期，周平王不敢得罪郑庄公，便对他说："没有这回事！"想以此平息郑庄公的怨恨。

但空口说白话不行，所以周、郑互相交换质子。周平王的儿子狐到郑国当人质，郑庄公的太子忽在周朝做人质。

公元前720年，周平王去世，因为太子父早就死了，所以周平王的孙子姬林继位，就是周桓王。

周桓王准备把大权交给虢公忌父。

郑庄公一气之下，便肆意挑衅，借故向周天子发泄怨恨。这年夏天，郑国的祭足（郑国大夫，即祭仲）带兵把周朝京都地区温地（约在今河南省温县）的麦子抢割一空。秋天，郑国人又收割了成周（今河南洛阳）一带的谷子。

周朝和郑国从此结下了仇怨。

《左传·隐公三年》在记载了这件事情以后，评论道：②"言不由衷，质无益也。明恕而行，要之以礼，虽无有质，谁能间之？"这段话的意思是，言语不发自内心，即使互相派了人质也是没有用的。双方如能设身处地相互谅解，然后做事，又用礼仪来加以约束的话，就是没有人质，又有谁能破坏得了他们之间的关系呢？

❷引用

问题的根源在于双方各为己利、缺乏互相的信任和体谅。

精华赏析

春秋战国时期之所以战争不断，是因为各个统治者极度渴求权力和财富。在利益的驱使下，他们把礼仪道德都抛之脑后。互相之间只有利益的争夺，这样的关系是不可能长久维持下去的。

引申到人际关系来说，人与人之间应该互相体谅，真诚互助，而不是互相算计。

—— 延伸思考 ——

1.周朝与郑国矛盾的激化经历了哪几个阶段?
2.周平王为什么不敢得罪郑庄公?
3.这个故事给了我们什么启示?

—— 相关评价 ——

故事中的情节发展条理清晰，将春秋战国时期的紧张局势描述了出来。揭露出战争的根源，故事借此映照人与人之间的关系，发人深省。

一丘之貉

名师导读

"一丘之貉"指一个土山里的貉。比喻彼此相同，没有什么差别的坏人。出自东汉班固《汉书·杨恽传》。杨恽就是因为这个成语而惨遭杀身之祸。下面让我们一起来看看这个故事吧！

古代社会，能够被称为君子的人，一定是有着常人不具备的美德。一个人具有超凡的学问和专长，但不被上司及周围的人所了解，当然也得不到与人品学问相称的尊敬与重用。在这种情况下，能处之泰然就是君子；如果因此而牢骚满腹，就不能算作君子了。

❶引用

泰然平和的心态能够表现出一个人的君子风度，孔子认为这是贤人的品德。

①就像孔子所说："不为人们所了解，而又能保持心境平和，这难道不是很有修养的贤人吗？"（人不知而不愠，不亦君子乎？）

一个人敢于直言是优点，但如果不分场合、不讲策略而直言不讳，往往不仅达不到目的，反而会给自己带来麻烦。在古代，这可能会招致大祸。杨恽就吃了这个大亏。

❷叙述

描述杨恽的性格，为下文杨恽的表现埋下伏笔。

②杨恽是西汉宣帝时丞相杨敞的儿子，中书令司马迁的外孙。杨恽做官自律甚严，办事恪守原则，从不受贿，称得上廉洁无私。不过，他性格上的弱点也非常明显。他常常以自己为尺度衡量别人，要求别人过于苛刻。最致命的是他经常直率地指出别人的缺点和过失，敢于揭发贪赃枉法的行为。这样一来，被他揭发的人无不对他恨之入骨。

一次，杨恽听说匈奴王单于被人杀死了，感慨万分，在写给朋友的信中提到："一个无能的君主，不采纳大臣提供的治国良策，自然是要灭亡的。像秦二世胡亥，一心听任奸臣的话，杀害忠良，终于亡了国，如果当时能听忠贤之言，说不定国家还能保持到现在呢！唉！①总之，古代的帝王和今日的帝王就像是生长在一个土丘上的貉子一样，差不多呀！"

谁知这信落到了与他积有私怨的太仆戴长乐的手里，戴长乐把信送到皇帝那里，指控他妄自尊大，目无皇上，不知天高地厚。

宣帝看了十分生气，立即下令交廷尉判决杨恽大逆不道。杨恽被免职。后来，正直的杨恽因敢于直言惨遭杀身之祸。

❶语言描写

杨恽借单于被杀一事大发感慨，表达了对帝王的不满。言辞间颇为激愤不恭，成为仇敌报复的把柄。

精华赏析

杨恽敏于洞察、敢于直言是聪明、有勇气的表现，但不讲策略张口就来，就是缺少智慧了。杨恽因此得罪了不少人，最后甚至因为自己的坦率直言而丢了性命。我们在人际关系中，要注意自己的言谈举止，说话办事要注意场合、讲究分寸，以顺利、圆满地达到目的。

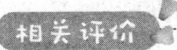

延伸思考

1. 杨恽为什么要在信中大发牢骚？
2. 你认为杨恽惨遭杀身之祸的原因有哪些？
3. 杨恽有哪些优点和缺点？

相关评价

文章开头借鉴孔子的名言述说为人道理，文中又以杨恽为例子，说明了耿直之人和贤人的区别。杨恽最后的结局值得人们引以为戒。

Z

朝三暮四

名师导读

　　"朝三暮四"出自庄周《庄子·齐物论》。原指玩弄手段进行欺骗，后用来比喻常常变卦，反复无常。虽然这个成语是贬义词，但最初却出自一个温馨的故事……

❶叙述

　　狙公和猴子之间能够进行沟通，因此才有了下文故事的发生。为下文作铺垫。

❷动作描写

　　生动形象地描绘出了猴子们抗议削减伙食的情景。猴子们活泼可爱的样子，读来让人忍俊不禁。

　　战国的时候，宋国有一位老年人，非常喜欢猴子，家里养了好大一群，整天围着他转悠，同他闹着玩，就像他的孩子一样。所以，左邻右舍都称他"狙（jū，古书里指猴子）公"。①狙公很会揣摩猴子的心理，猴子也听得懂狙公的话，他们和和睦睦地生活在一块儿，十分快乐。

　　狙公的家境不太好，口粮也不多，而猴子们吃东西时总是狼吞虎咽，一个比一个胃口大。但是，狙公宁愿自己勒紧裤腰带，也不忍心让猴子们饿着。就这样，斗里吃完了，吃瓮里的；瓮里吃完了，吃罐里的……眼看要断粮了，这可怎么办呢？

　　狙公犯了愁，想来想去只有忍痛减少猴子的粮食了。但他又担心猴子们不乐意，就哄骗它们说："以后，给你们吃橡栗，早上三颗，晚上四颗。够吃了吗？"②猴子们听说早上只吃三颗，都生气了，"吱吱"乱叫，上蹿下跳，有的去抓狙公的手指；有的去拽狙公的胡子；有的去挠狙公的痒痒；还有的干脆把狙公的鞋子藏了起来，弄得狙公哭笑不得。

狙公琢磨了好一会儿，突然灵机一动有了主意。他和颜悦色地对猴子们说："好了，好了，别吵啦，我改正还不行吗？以后给你们吃橡栗，干脆早上四颗晚上三颗算了，这样总可以了吧？"说完，还亲切地拍了拍一只小猴子的脑袋。

①猴子们一听早上增加了一颗，非常满意，摇头摆尾，开心极了。老猴子一声召唤，群猴一齐伏下身子，不住地给狙公磕起头来——它们是在向狙公感恩哩。狙公看着这情景，也捋着长胡子高兴地笑了。

❶动作描写

其实食物的数量并没有改变，狙公不过是要了一个小把戏，把猴子们骗得团团转。

精华赏析

"朝四暮三"与"朝三暮四"，在总数上并没有改变，都是七个，但顺序不同，就对猴子的影响也不一样。因为猴子的智力有限，无法辨别事情真相。

延伸思考

1. 狙公为什么要减少猴子们的食物？
2. 猴子们对削减食物很不满意，狙公是怎么解决这个问题的？
3. "朝三暮四"的故事蕴含了什么哲学道理？

相关评价

文章以生动有趣的描述方式，讲述狙公和猴子们的故事。狙公的话在我们看来不难理解，但对猴子而言，它们却无法看清其中的得失。以此为例，若是转换层次，人生中的得失同样让许多人无法看清。

重于泰山

名师导读

　　"重于泰山"比喻意义、作用和价值极大。语出汉代司马迁的《报任安书》。司马迁在遭受宫刑后忍辱完成《史记》的编写，得以名垂青史。他为什么会遭此厄运？这就要谈到另外一个人物了，他就是李陵。

❶背景概述..........

　　交代了故事发生的背景，引出下文。

①汉武帝年间，名将李陵兵败匈奴腹地，不幸被俘。

　　当时，朝廷的公文由专人骑马快递。一般公文每日行程二、三百里，紧急情况是四百里，唯朝廷特急文书要求信使以每日六百里的速度快递。六百里紧急公文是最重要的军情报告，除非战争时期，一般极少采用。所以李陵在匈奴腹地兵败被俘的消息传到长安时，已经是几个月之后的事情了。那么李陵是如何兵败被俘的呢？

　　起初，李陵率五千步军从居延（今内蒙古自治区额济纳旗西北）向北挺进千里，方与匈奴相遇。双方交战之初，李陵大胜，杀得匈奴骑兵人仰马翻。

❷心理描写..........

　　李陵忍辱投降是为了保存实力，日后报效汉朝，然而他的一片苦心却未被汉武帝所理解。

　　匈奴单于见初战不利，李陵宛如天神下界，便下令集中全国射手和左、右贤王的主力，以十万精锐将李陵围住。双方激战八天，汉军死伤殆尽，李陵力尽被俘。

　　②匈奴首领敬重李陵，劝李陵归顺。李陵心想，活下来或者还能为汉朝做更大的事情，就违心答应下来。

注释

人仰马翻：指人马被打得仰翻在地。形容被打得惨败的狼狈模样，也形容乱得一塌糊涂，不可收拾。

汉武帝先是收到李陵获胜的军报，满朝文武一齐向武帝道贺，宫中大摆盛筵，一派喜庆景象，很令人振奋。继而又传来汉军几乎全军覆灭、李陵被俘投降的消息，汉武帝食不知味，睡不安席。文武百官提心吊胆，深恐触犯龙颜。紧接着，武帝下诏，将李陵一家，不分老幼，满门下狱，听候处分。

司马迁当时任太史令，对李陵的为人十分敬重。司马迁知道李陵是廉洁奉公、敢于为国捐躯的铮铮铁汉，绝非贪生怕死之辈。①他认为李陵投降，肯定另有一番隐情。总之，司马迁不同意汉武帝对李陵家属的严厉处罚。但这种想法只能藏在司马迁的心里，他认为自己官卑职小，不足以改变汉武帝的决定。所以，他只能保持沉默。

后来，司马迁因公事面见皇帝，汉武帝问起了司马迁对李陵一事的看法。②司马迁不会说假话，很坦然地说出了自己的看法。结果惹得汉武帝勃然大怒。汉武帝认为司马迁替李陵辩解实际是贬低李广利，而李广利正是汉武帝的宠臣。这并非因为李广利有什么了不起的本事，只是因为他是汉武帝宠妃的哥哥。

李广利这种裙带关系让司马迁倒了大霉。只是因为说了几句公道的实话，就被处以腐刑。这种刑罚不仅残忍，而且侮辱人格，司马迁几乎想自尽。

司马迁受了这种奇耻大辱，能够坚强地活下来，支撑他的精神动力就是将《史记》写完。这个想法在他的《报任安书》中得到了充分的体现。③他写道："人免不了一死。有人死得比泰山还重（或重于泰山），有人死得比鸿毛还轻。"

司马迁没有自杀，他忍辱负重，经过十几年的努力终于完成了我国第一部纪传体通史——《史记》，为人类留下一笔宝贵的文化遗产。

❶心理描写

司马迁虽然存有异议，却不敢言明。他并非没有正义感，但也不是莽撞的傻瓜。

❷叙述

司马迁耿直的性格为他招来了灾祸。

❸引用

终结生命也许很容易，但那样的人生毫无意义。司马迁深知这个道理，所以选择了忍辱负重。

精华赏析

　　在司马迁遭受极为不人道的刑罚时，他可以选择以一死来求得自己的清白，但他没有。因为他懂得人生可以创造价值，人只要不死，脚下便有路。司马迁这种生死观感动并激励了无数后人。

延伸思考

1. 李陵为什么会投降？
2. 司马迁明知帮李陵讲话会惹祸上身，为什么还要实话实说？

相关评价

　　从文章中对司马迁的心理描写以及语言描写，可以清晰地看到司马迁的为人。文章末尾司马迁的话直抒胸臆，表现出司马迁坚忍的可贵品德，也表达出了他对人生价值的重视。

正言厉色

名师导读

贾宝玉为了叫林黛玉起床，不要一吃完饭就睡觉，便编出一个故事来逗林黛玉，这个故事是怎么样的呢？

关于"正言厉色"这一成语，还有这样一段故事：一日，贾宝玉去林黛玉的房中去看望她，正赶上林黛玉歪躺在床上睡午觉。贾宝玉怕林黛玉睡出病来，便轻手轻脚地来到床前，推推林黛玉，悄声说道："好妹妹，才吃过饭就躺下来睡，可不要睡出病来，我来看你了，快快起来同我聊一聊天……"①可是林黛玉不理睬贾宝玉，随手抓过床头的一块绢子盖在自己的脸上，然后一动不动地仍旧躺在那里。

贾宝玉见林黛玉不理自己，忽然心生一计，便一本正经地对林黛玉说："林妹妹，你们扬州衙门里出了一件大事，你想知道吗？"躺在床上的林黛玉稍稍睁开眼睛一看，见贾宝玉态度严肃，又正言厉色，便信以为真，霍地坐了起来，急忙问道："什么事？！宝哥哥快快说来！"

②贾宝玉见林黛玉起来了，强忍住笑，顺嘴胡诌道："扬州有座黛山，山上有个林子洞，洞里住着一群耗子精。腊月初七这一天，老耗子升堂议事，它对小耗子们说：'明个儿是腊八，世上的人们家家都熬腊八粥，我们洞中已断粮好几天了，谁能偷些腊八粥回来，以解燃眉之急。'一个小耗子听了回话说：'我知道山下的庙里有好东西，不仅米豆成仓，而且还有五样果品：红枣、栗子、落花生、菱

①叙述

林黛玉不为所动，贾宝玉会怎么达到自己的目的呢？

②叙述

贾宝玉其实是逗林黛玉的，他下面讲的故事都是假的。

235

❶心理描写············

　　小耗子说的消息使老耗子感到十分开心。

角和香芋。'老耗子听完小耗子的话，心中万分高兴，①它想，我们这回不但能有吃的，还都是好吃的，这个腊八节一定十分让人愉快。于是它马上调兵遣将，老耗子说：'谁去偷香芋？'一个又小又瘦的小耗子自告奋勇站出来说：'大王，我去偷香芋！'

　　老耗子抬头看看小耗子，只见它身小体弱，摇摇头对它说：'看你这身体难以胜任，还是给我退下吧！'小耗子听了老耗子的话有些急了，它忙说：'大王，我有特殊的办法。我摇身一变，成为香芋，往那堆里一混，便可以一个个地偷回来了！这招要比其他兄弟高明许多呢！'其他的耗子们听了，都拍手称赞，连声说：'妙，妙，这真是太好不过了！'

❷语言描写············

　　老鼠们不信小耗子，这是必然的，因为谁也没有见过。

　　这时，一个稍老些的耗子有些不相信，便对那只小耗子说：②'你只说你有那种本领，我们谁也不曾见过，现在你变一下给大家看看，我们才会相信。'小耗子也真不含糊，只听它嘴里喊一声：'变！'

　　大家面前即刻出现了一位年轻美貌、体态婀娜的漂亮小姐。耗子兄弟们再找小耗子却找不到了，它们一齐笑着说：'变错了，变错了，你说变成香芋，现在怎么变成了一位小姐？'

　　小耗子傲慢地说：'你们真是好没见识，只认识香芋，却不知盐城林老爷的小姐才是真正的香玉呢……'"

　　林黛玉听到这里，才知道贾宝玉在取笑自己，便站起来去打贾宝玉，并说道："我被你的正言厉色骗了！"

精华赏析

　　"正言厉色"形容板着脸，神情非常严厉。贾宝玉正是摆出这样的神情，使得林黛玉相信了自己的话，从床上起来，而贾宝玉的目的也就达到了。

──────── 延伸思考 ────────

1. 贾宝玉为什么讲故事?
2. 贾宝玉为什么不让林黛玉睡觉?

──────── 相关评价 ────────

　　故事中贾宝玉和林黛玉的对话轻松有趣，对话中运用了多种修辞手法，更让故事显得趣味性十足。故事体现出了贾宝玉的机敏和善良，也说明凡事不能只看表象的道理。

捉襟见肘

名师导读

　　孔子的学生曾参以孝道而闻名，他对生活没有太多的要求，和自己的父亲一样，追求闲适的生活。

　　孔子的学生曾参，字子舆，是春秋时期鲁国南武城（今山东省平邑，一说山东省嘉祥）人。

　　曾参比孔子小四十六岁。①他以恪守孝道而闻名。相传儒家经典之一的《大学》是他所著。

　　在《礼记》里有记载曾参的言行。《论语》里也记录了他所说的一些话。

　　曾参勤奋好学，待人诚恳，孔子很喜欢他，同学们也都很尊重和信任他，经常跟他讨论关于道德修养这方面的问题。

　　一次，同学们在一起讨论问题，有人问曾参道：

　　"你成长进步得这么快，你是怎样自我修养的呢？"

　　曾参微微一笑，表示自己在很多地方还差得很远，需要向老师和同学们学习。当大家一再要他谈谈自己的心得体会时，曾参思考了一下，回答道：

　　②"我呀，每天都要进行几次自我反省。特别是在这样几个方面，我总是要问问自己：在替人家办事的时候，我是否尽心尽力了呢？跟朋友们交往，是否忠诚老实呢？老师传授给我的学业，我是否认真复习了呢？"

①叙述

　　叙述了曾参的为人和成就，为后文作铺垫。

读书笔记

②语言描写

　　说明曾参懂得自省，严于律己。

曾参的话，初听起来，好像平平常常，没有什么太高深的道理，实际上，要做到这些，确实不容易。①结合曾参平日的为人和行事来看，曾参还真是这样说到做到的人，因此，大家对他更加心悦诚服。

上面说过，曾参以孝著称。司马迁在《史记·仲尼弟子列传》里还说他写了《孝经》一书。在《论语·学而》里，记载着曾参这样的话：

"慎重地办理父母的丧事，虔敬地追念远代祖先，自然就能引导老百姓的道德和风气趋于忠厚朴实。"

曾参的父亲曾晳也是孔子的学生。孔子有一次要在座的几位学生谈谈各自的志向时，别人都表示将来要从事有关军事、外交等国家政治事务，②而曾晳则表示愿过一种近乎隐士的潇洒闲淡的生活。

曾参对功名利禄也看得很淡薄。也许正因为这样，把功名富贵看得一钱不值的先秦道家便借题发挥，在《庄子·让王》里写了一则关于曾参的故事：

曾参住在卫国的时候，身着一件破破烂烂的麻絮袍子，脸色浮肿，手上和脚上都长满了厚茧。他常常一连三天不生火做饭，十年里也没有添置过一件新衣服。因此，他的衣服和帽子都破旧不堪，以致到了这样的程度：用手扶正一下头上的帽子，帽带子便断了；拉一下衣襟胳膊肘就露了出来（捉襟而肘见），穿上鞋子就露出脚后跟。他拖着破鞋，嘴里吟诵着《诗经·商颂》里的诗篇，声音像金石乐器奏出来的一般，充斥于天地之间。天子不能使他做臣子，诸侯不能够和他交朋友……

❶叙述

曾参的言行一致，这让大家都对他十分佩服。

❷叙述

说明曾晳父子二人都不看重功名利禄。

🖋️读书笔记

精华赏析

　　本文主要讲述了曾参的几件事情，体现出他对生活的热爱，对自己的要求极高，常常自省，做到了严于律己，并且生活得十分自在。

延伸思考

1. 曾参是一个什么样的人？
2. 曾参的父亲对曾参有什么影响？

相关评价

　　故事举出了曾参曾经的生平事例，描述曾参为人处世的风格。以曾参淡薄功名利禄，一心治学修身为标榜，向世人传达出贫穷不可耻，应当积极生活的道理。

阅读总结

读者感受

　　读了《成语故事》，我再一次被汉语的奇妙所震撼，为它的魅力而折服。成语是人们在生活中总结出来的简洁而精辟的词语或短句。它是我国语言文化中最具魅力的一部分，因为每个成语的形成一般都有一个典故，每个成语的背后都有一个故事。通过这一个个的成语故事，我们不仅理解了成语的意思，还可以了解中华民族悠久的历史、宝贵的文化遗产和高超的智慧。

　　其中我最喜欢的一个故事是"朝三暮四"。古时候有一个老人养了一群猴子，因为猴子很贪食，他的家境又不太好，所以他想了一个办法来减少猴子的粮食。一天，他对猴子说："以后，给你们吃橡栗，早上三颗，晚上四颗。够吃了吗？"猴子们听说早上只吃三颗，都生气了，他又说："好了，好了，别吵啦，我改正还不行吗？以后给你们吃橡栗，干脆早上四颗，晚上三颗算了，这样总可以了吧？"猴子们一听，早上增加了一颗，非常满意，摇头摆尾，开心极了。其实都是一样的，只是老人变换了手法。

　　"朝三暮四"的来历是不是很搞笑？但同时，这个故事也教会我一个道理：一个人要有理想，认准目标，一直向前；千万不能朝三暮四，那将一事无成。

　　还有，"刮目相看"的故事也让我印象深刻。三国时，东吴大将吕蒙屡立战功，三十一岁时就升为中郎将。吕蒙识字不多，孙权希望他能做到文武双全，因此他努力读书。两年后，东吴都督鲁肃来到吕蒙防地，两人谈起了国家大事。吕蒙分析军事形势时，引经据典，很有见地。鲁肃听了又惊又喜地夸奖道："我知道老弟你是员猛将，想不到您还有这么高的智谋，可喜可贺呀。"吕蒙开玩笑说："士别三日，当刮目相看嘛。"

这篇文章让我知道了一个道理：用陈旧的眼光看人，往往看不到对方进步的地方；要用发展的眼光看待对方，全面而正确地评价对方，才是正确的。

我喜欢《成语故事》这本书，它真的让我领略到了古人高超的智慧：一个词语竟然隐藏着这么一个内涵丰富的故事。这些故事，或可笑或感人，但都让我学到了知识，明白了事理。

阅读拓展

成语是一种现成的话，跟习用语、谚语相近，但是也略有区别。在语言形式上，成语几乎都是约定俗成的四字结构，字面不能随意更换，而习用语和谚语总是松散一些，可多可少，不限于四个字。例如"快刀斩乱麻""九牛二虎之力""驴唇不对马嘴""前怕狼，后怕虎"，这是常说的习用语；"百闻不如一见""真金不怕火炼""有志者事竟成""路遥知马力，日久见人心"，这是一些经验之谈，表示一个完整的意思，属于谚语一类。这又说明成语跟习用语、谚语是不一样的。在生活中，只了解成语是不够的，还要多读一些习惯用语、谚语等方面的书籍，这对我们的生活、学习，尤其是写作文，都是很有益处的。

真题演练

一、填空题

1.汉语成语的来源主要有＿＿＿＿＿＿，＿＿＿＿＿＿，＿＿＿＿＿＿等。

2.秦桧夫妇串谋以"莫须有"的罪名加害岳飞的故事引申出的成语

是 "_____"。

3. "负荆请罪" 的故事发生在赵国一文一武的两个得力大臣之间，文的是_____，武的是_____。

4. "口蜜腹剑" 出自_____，原文是形容唐玄宗晚期时的宰相_____，专指两面派的狡猾阴险。

5. "_____" 常用来形容为了工作或某些事情费尽心血，这个成语用来形容著名诗人李贺。与李白的 "仙才" 相比，李贺被称为 "_____"。

二、选择题

1. 程门立雪指的是（　　）。

A. 尊师重道，虚心求教　　B. 在程家门口站着

C. 助人为乐，团结协作

2. "覆水难收" 是发生在（　　）身上的故事。

A. 丁鸿　　B. 姜子牙　　C. 刘邦

3. 被后人称为 "二王" 的是王羲之和他的儿子（　　）。

A. 王献之　　B. 王徽之　　C. 王操之

4. 比喻知音难遇或乐曲高妙的成语是（　　）。

A. 阳春白雪　　B. 平沙落雁　　C. 高山流水

三、判断题

1. "防微杜渐" 是人们用来夸赞唐朝爱国大将李晟的。　　（　　）

2. "井底之蛙" 是比喻只见到实物的一小部分，与著名书法家王献之有关。　　　　　　　　　　　　　　　　　　　　　　（　　）

3. "口若悬河" 用来形容能说会道，说起来没个完。　　（　　）

4. "闻鸡起舞" 这个成语故事讲的是祖逖和李琨的故事。　　（　　）

5. 三国东吴名将吕蒙通过学识武装自己，最终取得巨大进步。（　　）

四、写出下面成语中的人物主角

四面楚歌（　　　）　　　多多益善（　　　）　　　老当益壮（　　　）

图穷匕见（　　　）　　　重于泰山（　　　）　　　一丘之貉（　　　）

负荆请罪（　　　）　　　毛遂自荐（　　　）　　　闻鸡起舞（　　　）

答案

一、填空题

1.寓言　历史故事　诗文　2.东窗事发　3.蔺相如　廉颇　4.《资治通鉴》　李林甫　5.呕心沥血　鬼才

二、选择题

1.A　2.B　3.A　4.C

三、判断题

1.×　2.×　3.√　4.×　5.√

四、写出下面成语中的人物主角

项羽　　　韩信　　　马援

荆轲　　　李陵　　　杨恽

廉颇　　　毛遂　　　祖逖

爱阅读课程化丛书 / 快乐读书吧

	外国经典文学馆				
序号	作品	序号	作品	序号	作品
1	七色花	29	泰戈尔诗选	57	木偶奇遇记
2	愿望的实现	30	格列佛游记	58	王子与贫儿
3	格林童话	31	我是猫	59	好兵帅克历险记
4	安徒生童话	32	父与子	60	吹牛大王历险记
5	伊索寓言	33	地球的故事	61	哈克贝利·芬恩历险记
6	克雷洛夫寓言	34	森林报	62	苦儿流浪记
7	拉封丹寓言	35	骑鹅旅行记	63	狼孩传奇
8	十万个为什么（伊林版）	36	老人与海	64	青鸟
9	希腊神话	37	八十天环游地球	65	柳林风声
10	世界经典神话与传说	38	西顿动物故事集	66	百万英镑
11	非洲民间故事	39	假如给我三天光明	67	马克·吐温短篇小说选
12	欧洲民间故事	40	在人间	68	欧·亨利短篇小说选
13	一千零一夜	41	我的大学	69	莫泊桑短篇小说选
14	列那狐的故事	42	草原上的小木屋	70	培根随笔
15	爱的教育	43	福尔摩斯探案集	71	唐·吉诃德
16	童年	44	绿山墙的安妮	72	哈姆莱特
17	汤姆·索亚历险记	45	格兰特船长的儿女	73	双城记
18	鲁滨逊漂流记	46	汤姆叔叔的小屋	74	大卫·科波菲尔
19	尼尔斯骑鹅旅行记	47	少年维特之烦恼	75	母亲
20	爱丽丝漫游奇境记	48	小王子	76	茶花女
21	海底两万里	49	小鹿斑比	77	雾都孤儿
22	猎人笔记	50	彼得·潘	78	世界上下五千年
23	昆虫记	51	最后一课	79	神秘岛
24	寂静的春天	52	365夜故事	80	金银岛
25	钢铁是怎样炼成的	53	天方夜谭	81	野性的呼唤
26	名人传	54	绿野仙踪	82	狼孩传奇
27	简·爱	55	王尔德童话	83	人类群星闪耀时
28	契诃夫短篇小说选	56	捣蛋鬼日记		陆续出版中……

	中国古典文学馆				
序号	作品	序号	作品	序号	作品
1	红楼梦	9	中国历史故事	17	小学生必背古诗词70+80首
2	水浒传	10	中国传统节日故事	18	初中生必背古诗文
3	三国演义	11	山海经	19	论语
4	西游记	12	镜花缘	20	庄子
5	中国古代寓言故事	13	儒林外史	21	孟子
6	中国古代神话故事	14	世说新语	22	成语故事
7	中国民间故事	15	聊斋志异	23	中华上下五千年
8	中国民俗故事	16	唐诗三百首	24	二十四节气故事

名人传记文学馆

序号	作品	序号	作品	序号	作品
1	雷锋的故事	9	华罗庚传	17	司马光传
2	苏东坡传	10	达·芬奇传	18	屈原传
3	居里夫人传	11	爱因斯坦传	19	科学家的故事
4	中外名人故事	12	牛顿传	20	杰出人物故事
5	比尔·盖茨传	13	岳飞传	21	阿凡提的故事
6	诺贝尔传	14	戚继光传	22	孔子的故事
7	爱迪生传	15	张衡传		陆续出版中……
8	达尔文传	16	诸葛亮传		

中国现当代文学馆（语文课本作家系列）

序号	作品	序号	作品	序号	作品
1	一只想飞的猫	18	大林和小林	35	金波经典美文：树与喜鹊
2	小狗的小房子	19	宝葫芦的秘密	36	金波经典美文：阳光
3	"歪脑袋"木头桩	20	朝花夕拾·呐喊	37	金波经典美文：雨点儿
4	神笔马良	21	小布头奇遇记	38	金波经典美文：一起长大的玩具
5	小鲤鱼跳龙门	22	"下次开船"港	39	金波经典童话：沙滩上的童话
6	稻草人	23	呼兰河传	40	金波诗歌：我们去看海
7	中国的十万个为什么	24	子夜	41	吴然精选集：五彩路
8	人类起源的演化过程	25	茶馆	42	吴然精选集：珍珠雨
9	看看我们的地球	26	城南旧事	43	高洪波精选集：陀螺
10	灰尘的旅行	27	鲁迅杂文集	44	高洪波诗歌：彩色的梦
11	小英雄雨来	28	边城	45	肖复兴精选集：阳光的两种用法
12	朝花夕拾	29	小桔灯	46	刘成章散文集：安塞腰鼓
13	骆驼祥子	30	寄小读者	47	刘成章散文集：信天游
14	湘行散记	31	繁星·春水	48	曹文轩经典小说：芦花鞋
15	给青年的十二封信	32	爷爷的爷爷哪里来	49	曹文轩经典小说：孤独之旅
16	艾青诗选	33	细菌世界历险记		陆续出版中……
17	狐狸打猎人	34	高士其童话故事精选		

中国现当代文学馆（语文课本延伸阅读作家系列）

序号	作品	序号	作品	序号	作品
1	荷塘月色	12	从文自传	23	小溪流的歌
2	背影	13	长河	24	南南和胡子伯伯
3	从百草园到三味书屋	14	寒假的一天	25	丁丁的一次奇怪旅行
4	徐志摩诗歌	15	古代英雄的石像	26	小仆人
5	徐志摩散文集	16	东郭先生和狼	27	旅伴
6	四世同堂	17	大奖章	28	王子和渔夫的故事
7	怪老头	18	半半的半个童话	29	新同学
8	小贝流浪记	19	红鬼脸壳	30	野葡萄
9	谈美书简	20	会走路的大树	31	会唱歌的画像
10	女神	21	秃秃大王	32	鸟孩儿
11	陶奇的暑期日记	22	罗文应的故事	33	云中奇梦
	陆续出版中……				

中国现当代文学馆（语文课本中高考热点作家系列）

序号	作品	序号	作品	序号	作品
	陆续出版中……				